SE EU TIVESSE UMA CÂMERA DIGITAL...

SE EU
TIVESSE
UMA
CÂMERA
DIGITAL...

SE EU TIVESSE UMA CÂMERA DIGITAL...

Murilo S. R. Krieger

Dados Internacionais de Catalogação na Publicação (CIP)
(Câmara Brasileira do Livro, SP, Brasil)

Krieger, Murilo S. R.
   Se eu tivesse uma câmera digital – / Murilo S. R. Krieger. -- São Paulo : Paulinas, 2014.

   ISBN 978-85-356-3669-7

   1. Cristianismo 2. Reflexões I. Título.

14-02593   CDD-242

Índice para catálogo sistemático:
1. Reflexões : Cristianismo   242

1ª edição – 2014

Direção-geral: Bernadete Boff
Editores responsáveis: Vera Ivanise Bombonatto
Antonio Francisco Lelo
Copidesque: Ana Cecilia Mari
Coordenação de revisão: Marina Mendonça
Revisão: Sandra Sinzato
Gerente de produção: Felício Calegaro Neto
Projeto gráfico: Jéssica Diniz Souza

Nenhuma parte desta obra poderá ser reproduzida ou transmitida por qualquer forma e/ou quaisquer meios (eletrônico ou mecânico, incluindo fotocópia e gravação) ou arquivada em qualquer sistema ou banco de dados sem permissão escrita da Editora. Direitos reservados.

Paulinas
Rua Dona Inácia Uchoa, 62
04110-020 – São Paulo – SP (Brasil)
Tel.: (11) 2125-3500
http://www.paulinas.org.br – editora@paulinas.com.br
Telemarketing e SAC: 0800-7010081
© Pia Sociedade Filhas de São Paulo – São Paulo, 2014

SE EU TIVESSE UMA CÂMERA DIGITAL...

Antes que uma alma generosa, lendo o título acima, se apresse em presentear-me com uma câmera digital, vou logo me explicando: tenho uma, pequena e simples, que pouco faz além de tirar fotos de sobrinhos e de paisagens. O problema é que não a levo comigo por aí. Se a levasse, ou se ao menos usasse celular, teria, nos últimos tempos, registrado cenas belíssimas. Lembro algumas:

• Na Catedral, um garoto de quatro ou cinco anos estava sentado no chão. Sua mãe, ajoelhada, com o rosto entre as mãos, rezava. Pelo filho? Ou era uma oração de agradecimento? Ou louvava o Senhor, simplesmente porque ele é *seu* Senhor? Também o garoto rezava, só que a seu modo: olhava para o altar do Santíssimo. Parecia não pensar e não dizer nada. Simplesmente olhava. Tenho certeza de que, naquela tarde de sábado, todas as orações que se elevaram ao Senhor foram de seu agrado. Mas alguma coisa me diz que nenhuma lhe agradou tanto como a daquele garoto. Uma oração feita de silêncio. Feita simplesmente de um olhar. Do olhar de uma criança.

• Faltando alguns minutos para o início de uma reunião, uma jovem colocou as cadeiras em ordem, limpou a lousa e ajeitou as flores no vaso. Pouco depois, começou a reunião. Todos se sentiam bem, pois o ambiente era agradável. Ninguém soube quem o havia preparado. E era preciso?

• Chovia. Os degraus não eram muitos, mas perigosos. Uma senhora idosa começou a descê-los com dificuldade. Um senhor se aproximou dela, falou-lhe baixinho e, segurando-a pelo braço, ajudou-a a descer. Quando chegaram embaixo, ele voltou a falar-lhe e desapareceu na rua movimentada.

• A enfermeira acabou de medir a pressão de um doente e lhe disse, animadamente: "Tudo bem!". Ela gostaria de saber em que pensava aquele senhor de olhar distante. Parecia indiferente a tudo. Quantos pacientes ela já havia atendido até aquela hora? Doze? Quinze? Vinte e cinco? Não importava. Cada um era único. Cada um exigia dela uma atenção especial. Desta vez, não recebeu nem um "obrigado". Esperava, contudo, que seu gesto levasse um pouco de alegria e paz ao coração daquele homem fechado em seu mistério.

• O bispo estrangeiro falava da realidade que enfrentava diariamente em seu país tão pobre: falta de recursos econômicos, doentes que o procuravam como última esperança, estradas tão esburacadas que ele nunca sabia se chegaria a tempo para a celebração eucarística, igrejas necessitadas de reforma, poucas pessoas para ajudá-lo em seu trabalho... Os olhares de seus colegas bispos, o carinho com que o ouviam e as perguntas que lhe faziam demonstravam o desejo de participar de seus problemas. Sensibilizado, o bispo agradeceu-lhes muito: tinha certeza de que, dali para a frente, mesmo distante, poderia contar com a amizade e a oração de todos.

• Reunidos no auditório – nome um tanto grandioso para a sala daquele humilde asilo –, os idosos ouviam atentos aquele que lhes falava. Estavam felizes. Nem se lembravam mais de que, se fosse alguns meses ou anos antes, estariam numa das ruas da cidade. Não se recordavam de quem os levara para o lugar em que estavam; não se lembravam nem de que, até chegarem ali, não tinham identidade, nem dignidade, nem amor. Agora estavam ali, e sorriam. Tinha-se a impressão de que sempre estiveram ali. Se alguém lhes falasse de anjos, não entenderiam que se trata de "criaturas puramente espirituais, não corpóreas, invisíveis e imortais". Anjo, para aqueles idosos, é quem os acompanha no dia a dia, quem lhes garante o pão na mesa, quem os abraça com carinho e lhes pergunta: "Como vai, vovó? Como está, vovô?".

• No balcão da Basílica de São Pedro, apareceu um homem que logo encantou a todos pela sua simplicidade. Imóvel diante da multidão, parecia que o novo Papa se perguntava: "Como é que vim parar aqui?...". Logo depois, com uma singeleza encantadora, dirigiu as primeiras palavras para quem estava ali, diante dele, e para o mundo, que o acompanhava, atento. Sua maior mensagem, contudo, não foi transmitida por palavras, mas por seu gesto de pedir que todos rezassem por ele. Dito isso, se inclinou e fez-se silêncio, na Praça São Pedro e no mundo.

Foram cenas de um dia qualquer. Por que não carregava comigo uma câmera digital para registrá-las? Por que não pude perenizar aqueles olhares, sorrisos e gestos? Mas será que alguma foto conseguiria captar a riqueza daqueles momentos? Antes, não acabaria banalizando aquelas situações? Foram cenas revestidas de um valor imenso porque espontâneas e simples. O que não se pode esquecer – e isso é que é importante! – é que, aos olhos do Pai, nenhum daqueles momentos se perdeu. Estão todos registrados no Livro da Vida, com fotos tais que fotógrafo algum conseguiria tirar.

FOTOS DA BÍBLIA

OS NOVOS MOISÉS

A Bíblia é, ao mesmo tempo, o livro que nos revela os passos de Deus à procura do ser humano e que apresenta as respostas do ser humano às propostas divinas. Cada pessoa ou comunidade tem muito a aprender com aqueles que exerceram missões na história da salvação. Somos convidados a olhar para suas virtudes, a fim de imitá-los; a tomar conhecimento de suas fraquezas, para não repetirmos seus erros. De poucos personagens bíblicos temos a aprender tanto como de Moisés – ele que libertou os hebreus da escravidão egípcia, que lhes deu a Lei, promulgada no monte Sinai, e que os conduziu até a Terra Prometida.

Moisés não queria acreditar no que ouvia. Mas como não acreditar, se era o próprio Senhor quem lhe falava? *"Vai, desce! Porque se corrompeu o teu povo que tiraste do Egito. Desviaram-se do caminho que prescrevi; fizeram para si um bezerro de metal fundido, prostraram-se diante dele e ofereceram-lhe sacrifícios..."* (Ex 32,7-8). Mais difícil ainda era acreditar que seu próprio colega, Aarão, chamado também a ser líder, tinha aceitado a proposta da multidão, para fazer um deus que marchasse à sua frente. Mais: Aarão é que coordenara o recolhimento de brincos de ouro, fundira o bezerro e construíra o altar diante do qual eram oferecidos sacrifícios. Se para Moisés já não era fácil ver sua gente comendo, bebendo e fazendo festas em honra de um "deus" esculpido por mãos humanas, como, então, compreender a atitude de Aarão?

Mesmo assim, Moisés não aceitou o que o Senhor lhe propôs: *"Deixa, pois, que se acenda minha cólera contra eles e os reduzirei a nada; mas de ti farei uma grande nação"* (Ex 32,10). Moisés concordava que sua gente era "de cabeça dura"; no entanto, sentia-se responsável por ela e pediu ao Senhor misericórdia e perdão. O terrível gesto de idolatria teve sérias consequências para aquele povo chamado a ser *"um reino de sacerdotes e uma nação consagrada"* (Ex 19,6); não ocorreu, contudo, a rejeição do Senhor – rejeição que Moisés tanto temia.

Nosso tempo tem urgente necessidade de novos Moisés. Assim como o povo escolhido se cansou, em um dado momento, dos sacrifícios da caminhada, e procurou agarrar-se a coisas mais concretas, hoje não são poucos os que não manifestam qualquer preocupação com a vida eterna e vivem em função do imediato, do palpável, do prazer aqui e agora. Pior do que o ateísmo intelectual é o ateísmo prático: não se discute a respeito da existência de Deus ou dos "novíssimos" – isto é, aqueles temas que dizem respeito aos últimos destinos do ser humano: morte, juízo, inferno e paraíso; vive-se como se nada disso fosse realidade e acaba-se por construir um estilo de vida segundo essa nova situação, dando-se novo vigor à tese do filósofo francês Maurice Blondel (1861-1949): "Quem não vive como pensa, acaba pensando como vive".

Necessitamos de novos Moisés. Não é preciso que reajam como o primeiro que, quando se aproximou do acampamento e viu o bezerro e as danças, "*sua cólera se inflamou, arrojou de suas mãos as tábuas e quebrou-as ao pé da montanha. Em seguida, tomando o bezerro que tinham feito, queimou-o e esmagou-o até o reduzir a pó, que lançou na água e fez beber aos israelitas*" (Ex 32,19-20). Os Moisés que desejamos hoje devem ter a capacidade de interceder pelo povo com orações e súplicas; saber oferecer a própria vida em favor dos irmãos; ser tão seguros do que querem que não se importem se forem incompreendidos e ridicularizados; acreditar que é possível vencer o mal com o bem e, sobretudo, devem ser animados de consoladora certeza: a semente, ao ser jogada na terra, desaparece, mas depois germina, transforma-se em planta que produz frutos; a vida nasce da morte e a cruz, com tudo o que significou de fracasso e humilhação, foi o passo necessário para que acontecesse a ressurreição.

Surjam logo, pois, os novos Moisés! E que eles não se esqueçam de levantar sua tenda de reunião, onde possam se entreter com Deus face a face, "*como um homem fala com seu amigo*" (Ex 33,11). A presença desses novos Moisés na terra dos homens será a garantia de que Deus não se cansou de seu povo, apesar dos bezerros de ouro que continuam a ser fabricados e adorados.

ELIAS: DEUS SE MANIFESTA NUMA BRISA SUAVE E AMENA

A Bíblia, nos capítulos dezoito e dezenove do Primeiro Livro dos Reis, nos apresenta uma extraordinária experiência de Deus, tendo como protagonista o profeta Elias. O fato ali narrado ocorreu cerca de nove séculos antes da Era Cristã.

Elias não se conformava com o comportamento do povo escolhido, que havia abandonado o culto ao Deus verdadeiro, para seguir as ideias dos profetas dos povos vizinhos, adoradores do deus Baal. Tendo percebido que, sem algum gesto dramático, não conseguiria levar seu próprio povo à conversão, propôs um desafio àqueles profetas: eles escolheriam um novilho, o prepararia para o sacrifício e o colocariam sobre a lenha, mas sem pôr fogo. Ele, por sua vez, faria o mesmo. Em seguida, cada um invocaria o nome de sua divindade: ela é que deveria acender o fogo, para que a oferta fosse queimada. Conforme a resposta obtida, saberiam do lado de quem estava o Deus verdadeiro.

Aceito o desafio, os seguidores de Baal dispuseram tudo de acordo com o que fora combinado e iniciaram as súplicas. Multiplicaram as orações e nada conseguiram. Vendo-os e escutando-os, Elias fez um comentário irônico: "*Gritai mais* alto, pois seu deus, Baal pode estar ocupado. *Quem sabe ausentou-se ou está de viagem; ou talvez esteja dormindo e seja preciso acordá-lo*". Os profetas de Baal passaram das súplicas aos gritos; em seguida, se autoferiram até o sangue escorrer. Mas nada conseguiram.

Ao chegar sua vez, Elias mandou que derramassem água tanto sobre a lenha como sobre a oferenda que preparara. Pediu, então, que Deus se manifestasse: "*Ouve-me, Senhor, ouve-me, para que este povo reconheça que tu, Senhor, és Deus, e que és tu que convertes os seus corações*". A resposta foi imediata: veio fogo sobre o altar, consumindo a oferta, a lenha e as próprias pedras do altar. Tirando proveito de seu sucesso, e querendo exterminar o mal pela raiz, Elias mandou que fossem degolados todos os profetas de Baal. Depois disso, foi ameaçado de morte e perseguido. Para piorar a situação, teve o desgosto de ver que, mesmo depois disso tudo, seu povo não se convertera ao Deus verdadeiro. Desanimado e com vontade de morrer, foi socorrido por um anjo e partiu em direção ao Monte Horeb. Ali fez a experiência de Deus a que me referi no início.

Sabendo que o Senhor passaria em seu caminho, o profeta o esperou, de pé. Viu então, sucessivamente, o desenrolar de vários fenômenos grandiosos. Ficou atento, pois Deus poderia manifestar-se através deles. Mas Deus não estava nem no furacão violento, nem no terremoto, nem no fogo. Finalmente, ouviu-se o murmúrio de uma brisa suave. O Senhor estava nela.

Também hoje, em nossa vida, Deus se manifesta muitas vezes e de maneiras diferentes. Por vezes, serve-se de acontecimentos extraordinários, como são os desequilíbrios da natureza, as grandes decepções, uma doença grave ou a morte de uma pessoa querida. Normalmente, porém, revela-se em nossa vida por meio de brisas suaves, isto é, de acontecimentos tão simples, que não valorizamos; tão rotineiros, que nem percebemos; tão frequentes, que nem lhes damos valor. Contudo, cada passagem sua é especial, não repetível e única.

O episódio envolvendo Elias nos ensina que é o Senhor quem escolhe a maneira de se manifestar a nós. Cabe a nós descobrir essa maneira. Muitos, apesar das constantes manifestações de Deus, preferem ir atrás de experiências exóticas ou envolvidas pelo misticismo superficial, já que não exigem qualquer mudança na forma de conduzir a própria vida. São preferidas as experiências que mais agradam aos sentidos e que acalmam a consciência com pensamentos vagos e que, por isso mesmo, não geram compromisso ou responsabilidade. Os que hoje fazem essa opção, sem perceber imitam os antigos pagãos, que costumavam criar deuses à sua própria imagem e semelhança, isto é, com as limitações e os defeitos humanos.

Enquanto isso, o Deus vivo e verdadeiro passa em nossos caminhos como uma brisa suave e amena, para possibilitar-nos experiências marcadas por amor, alegria e paz. Só o perceberemos se formos capazes de valorizar o sorriso de uma criança, a beleza de uma flor à beira do caminho ou a onda do mar que se desmancha na areia da praia.

A SABEDORIA DE SALOMÃO

"*O Senhor apareceu a Salomão durante a noite e lhe disse: 'Pede-me o que queres que eu te dê!'*" (1Rs 3,5). Que bela oportunidade o jovem rei tinha diante de si! Poderia pedir uma vida longa, muita riqueza ou mesmo a morte de seus inimigos. Deixou, contudo, tudo isso de lado, fez uma bela oração e pediu: "*Dá a teu servo um coração que saiba perceber a verdade, para julgar o teu povo e discernir entre o bem e o mal. Pois quem poderia governar este teu povo tão numeroso?*"(v. 9). O pedido de Salomão agradou tanto a Deus que não só foi atendido, mas até elogiado. Tendo desejado inteligência para praticar a justiça, recebeu mais: "*um coração tão sábio e inteligente, como nunca houve outro igual*" antes ou depois dele (cf. v. 12). A riqueza e a glória lhe foram dadas por acréscimo; uma vida longa lhe foi prometida, condicionada a que levasse uma vida reta.

Pouco tempo depois, Salomão viu-se diante de um delicado problema: duas prostitutas apresentaram-se diante dele. Uma delas lhe disse: "*Com licença, Majestade! Eu e esta mulher estamos morando na mesma casa; eu tive um filho enquanto ela estava em casa. Três dias depois de eu ter dado à luz, também esta mulher teve um filho. Estávamos só nós* duas. Não havia nenhum estranho conosco na casa, além de nós duas. Ora, morreu o filho desta mulher durante a noite, pois ela se tinha deitado sobre ele. Aí ela se levantou de noite, enquanto esta tua criada estava dormindo, tirou o meu filho de junto de mim e o colocou no seio dela, e o filho dela que estava morto o pôs no meu seio. De manhã, quando me levantei para amamentar o meu filho, vi com surpresa que estava morto; mas quando o examinei mais de perto, reparei que não era o filho que eu tinha dado à luz'. A outra mulher contestou: 'Não é verdade! É meu filho que está vivo, e o teu é que está morto!' Mas a primeira replicou: 'Mentira! Teu filho está morto e é o meu que está vivo!' Desta maneira elas discutiam diante do rei" (1Rs 3,17-22).

Cabia ao rei Salomão pronunciar uma sentença, que não teria apelação. Os elementos de que dispunha para seu julgamento não o ajudavam muito: contava apenas com as afirmações das duas mães – e afirmações contrárias. Somente uma delas estava dizendo a verdade, mas qual? Era grande o perigo de enganar-se e cometer uma injustiça. Usando uma intuição marcada pela sabedoria, disse: "*Trazei-me uma espada!*" (v. 24) E completou: "*Cortai em dois pedaços a criança viva e dai uma metade a uma e a outra metade à outra*" (v. 25). Nessa hora, a reação de cada uma das mulheres foi esclarecedora. A mãe do filho vivo, movida pelo amor materno, falou ao rei: "*Por favor, meu senhor, dai a ela a criança viva, e não a mateis*". A outra, porém, fez uma observação marcada pela frieza: "*Não seja nem para mim nem para ela: cortai-a em dois pedaços*" (v. 26). Para o rei, não havia mais dúvida sobre a decisão a ser tomada. Apontando em direção da primeira mulher, disse: "*Dai o menino vivo a essa mulher; não o mateis, pois é ela a sua mãe*" (v. 27). O povo foi tomado, então, de grande admiração pela decisão de Salomão e passou a respeitá-lo, pois viu que era um rei sábio.

Essa belíssima página da Bíblia tem importante ensinamento para os que, na sociedade, ocupam cargos ou funções que os colocam em situações semelhantes à vivida por Salomão. São políticos ou empresários, diretores de escolas ou juízes, industriais ou líderes, pais ou mães de família que precisam tomar decisões e, não poucas vezes, sentem-se divididos interiormente. Sabem que, se tomarem uma decisão errada, poderão causar sofrimento a muitos.

No entanto, são poucos os elementos que têm à disposição para um julgamento imparcial. É nessa hora que precisam pedir a Deus o dom da sabedoria – um dom, por sinal, que deveria ser pedido sempre, diariamente, já que qualquer decisão precisa ser sábia e, portanto, justa. Poderão fazer sua a oração de Salomão, que está registrada no 1º Livro dos Reis 3,6-9; poderão, também, repetir a oração que se encontra no Livro da Sabedoria 9. Ambas agradam muito ao Senhor, porque o mesmo Espírito Santo que as inspirou estará rezando essas preces em seu coração.

19

OS AMIGOS DE JÓ

Seu melhor amigo perdeu um filho tragicamente: O que dizer a ele? O vizinho do prédio está com uma depressão terrível: Como animá-lo? A colega de trabalho está sofrendo com a prolongada doença do pai: Com que palavras consolá-la? A vida coloca você diante de situações para as quais escola alguma o preparou. O grave é que uma palavra precisa ser dita, um gesto deve ser feito e uma decisão, tomada. Mas quais? Você sabe muito bem que, em momentos como esses, boa vontade não é suficiente. Não faltam recordações de episódios em que as palavras pronunciadas em circunstâncias como as descritas, longe de consolarem, deixaram você em situação constrangedora.

Nesse campo, temos muito que aprender de um episódio ocorrido com Jó, cuja vida e agruras foram retratadas no livro bíblico que leva o seu nome. Sua figura comove: *"Homem íntegro e reto, temia a Deus e se afastava do mal"* (Jó 1,1). Sendo ele rico e famoso, alguns contemporâneos, e também Satanás, entendiam que não havia mistério algum em suas virtudes. Afinal, como tudo corria bem na vida de Jó, era fácil compreender que fosse correto. Mas e se sua situação mudasse? E se os bens que tinha lhe fossem tirados? Será que, mesmo assim, ele permaneceria fiel a Deus?

Deus permitiu, então, que Jó fosse experimentado, tendo que enfrentar, em pouco tempo, as mais diversas provações. Empobrecido, ferido e humilhado, ele chegou a ser ridicularizado até pela própria esposa. Foi então que três amigos seus, de lugares diferentes, ouvindo falar de suas doenças, vieram visitá-lo, a fim de *"compartilhar de sua dor e consolá-lo"* (Jó 2,11). Encontraram-no, contudo, tão desfigurado que, a princípio, nem o reconheceram. Depois, aproximando-se dele, sentaram-se a seu lado durante sete dias e sete noites, sem lhe dizer uma palavra sequer, *"vendo como era atroz seu sofrimento"* (Jó 2,13). O drama de Jó é digno de ser meditado por nós. Fixo-me, contudo, no sábio gesto de seus amigos, que anteciparam o que o apóstolo Paulo escreveria cinco séculos mais tarde, como expressão máxima de comunhão: *"Alegrai-vos com os que se alegram. Chorai com os que choram"* (Rm 12,15). Recordando a atitude dos amigos de Jó, poderíamos completar: sofrei em silêncio com os que sofrem.

Em determinadas situações, mais do que consolar com palavras o irmão que sofre, importa ser uma presença amiga a seu lado, mesmo que esse irmão pareça fechado em sua dor. Quando alguém está envolvido por um grande sofrimento, temos a impressão de que não conseguimos atingi-lo. Engano nosso. Uma presença discreta e silenciosa, marcada pelo desejo de comunhão, é, ao mesmo tempo, consolo e força, bálsamo e luz. Pode ser que num primeiro momento nossa presença nem seja percebida; aos poucos, contudo, faz nascer na pessoa que sofre a certeza de que não se encontra só. É possível que ela não entenda o sofrimento que está enfrentando, mas certamente, com a nossa solidariedade, mesmo silenciosa, conseguirá superá-lo com mais rapidez e aproveitará melhor as lições daqueles momentos, em benefício de seu crescimento como ser humano.

Portanto, quando você perceber que não tem palavras para consolar o amigo que sofre, quando a vida reservar provas duríssimas para aqueles que lhe são caros, quando se encontrar diante de alguém que parece perdido em meio à densa escuridão, não se preocupe em lhe falar. Evite, no entanto, repetir aquelas frases que estão tão marcadas pela formalidade que podem até ser um insulto à dor do irmão. Em momentos assim, a grande mensagem será a sua presença.

Se seu amigo não tiver fé, esse gesto de comunhão será para ele uma rica experiência de solidariedade e amor. Se tiver fé, mais facilmente poderá lembrar-se daquele que, um dia, tendo assumido sobre si o pecado do mundo, bebeu o cálice da dor até o fim: abandonado pelos amigos, sentiu-se abandonado até pelo próprio Pai. Não percebeu sua presença, mas nela acreditou, a ponto de, confiante, ter-se jogado em seus braços: *"Pai, em tuas mãos entrego o meu espírito"* (Lc 23,46). Sua ressurreição, três dias após a morte, foi a prova concreta de que o Pai não o havia abandonado, como não abandona aqueles que, hoje, continuam acreditando em sua presença e confiando em seu amor.

CLAMAR AO SENHOR

Em determinados dias de nossa vida, nasce em nós uma série de perguntas: Como será este dia que começa? Conseguirei superar os meus problemas? Haverá paz entre os povos? Os economistas encontrarão respostas adequadas para os desafios que enfrentamos? Os políticos... etc. Olhamos para nossos líderes e notamos que cada qual se julga portador da solução ideal e do remédio eficaz para os males que afligem nossa sociedade. Em meio a tantas palavras vazias que se ouve, não seria o caso de buscarmos uma orientação nas raízes de nossa fé? Não quero dizer com isso que as opiniões e discussões sejam inúteis; são, isso sim, normalmente incompletas. Falta-lhes, por vezes, um elemento essencial: a convicção de que *"Se o Senhor não construir a casa, é inútil o cansaço dos pedreiros"* (Salmo 127/126,1). Por isso, deveríamos começar cada dia com um profundo clamor, uma súplica ardente, uma prece confiante. Explico-me, a partir de um texto do Deuteronômio. Como é sabido, esse livro reproduz um grande discurso de despedida pronunciado por Moisés, pouco antes de morrer, no fim da travessia do deserto e às vésperas da conquista da Terra Prometida. Moisés apresentava as leis a serem observadas na Terra Prometida, conclamando o povo a ser fiel à sua eleição e à aliança com Deus. Um dos preceitos determinava que, depois de recolher os primeiros frutos de tudo o que a terra tivesse produzido e de tê-los depositado numa cesta, o fiel deveria apresentar-se ao sacerdote, que colocaria a cesta diante do altar e declararia, diante do Senhor: *"Meu pai era um arameu errante, que desceu ao Egito com um punhado de gente e ali viveu como estrangeiro. Mas ele tornou-se um povo grande, forte e numeroso. Então os egípcios nos maltrataram e oprimiram, impondo-nos uma dura escravidão. Clamamos então ao Senhor, Deus de nossos pais, e o Senhor ouviu nossa voz e viu nossa opressão, nossa fadiga e nossa angústia; o Senhor nos tirou do Egito com mão forte..."* (Dt 26,5-8).

Essa maneira de reagir diante dos problemas (*"Clamamos ao Senhor..."*) tornou-se um gesto normal e frequente na história do povo escolhido. Temos exemplos de súplicas em quase todos os livros do Antigo Testamento. Ora é Salomão que se volta para o Senhor: *"Ouve o clamor e a oração que teu servidor te dirige"* (2Cr 6,19), ora é o povo que brada: *"Olha e vê nossa ignomínia"* (Lm 5,1), ou, então, são os profetas que, como Daniel, insistem: *"Ó nosso Deus, escuta as orações e as súplicas do teu servo"* (Dn 9,17). Também o salmista lança seu grito: *"Salva-me, ó Deus, pois a água sobe até o meu pescoço!"* (Sl 69/68,1); *"Inclina para mim teu ouvido; quando te invoco, atende-me depressa!"* (Sl 102/101,3) etc. Nessas súplicas, os que clamavam partiam de uma convicção: o Senhor ama o seu povo, ouve sua oração, gosta de lhe demonstrar sua amizade e atenção e nunca deixa um grito ou pedido sem resposta. Ele salva seus filhos e filhas porque é bom e poderoso. Jesus procurou aprofundar em nós essa convicção, tanto que nos ensinou: *"Pedi e vos será dado. Pois todo aquele que pede, recebe"* (Mt 7,7-8). Ele mesmo estava atento aos pedidos que lhe faziam – como, por exemplo, no caso do cego: *"Jesus, Filho de Davi, tem compaixão de mim!"* (Mc 10,47).

O grito que parte do coração da criatura necessitada não se apoia nos méritos de quem o emite, mas na potência do Senhor. O fato de confiar nele não nos dá o direito de nos omitirmos, mas, ao contrário, nos obriga a fazer a nossa parte e nos compromete ainda mais. Em outras palavras: justamente porque, em nossas necessidades, nos voltamos para Deus, com maior razão deveremos colocar nossos talentos na busca de soluções concretas e eficazes para os desafios que enfrentarmos.

Comecemos, pois, cada dia, apresentando ao Senhor nossa própria dor, o sofrimento de nossa família ou comunidade e os grandes problemas de nosso país. Nosso Deus abrirá diante de nós, então, novos caminhos, ao mesmo tempo em que nos dará força para fazermos o que nos compete. Sim, o Senhor ouvirá nossa voz e virá ao nosso encontro, porque é Deus, porque é Pai, porque é amor.

"IDE CONTAR O QUE OUVISTES E VISTES"

Aprisionado, João Batista ouviu falar dos discursos e milagres de Jesus. Nasceu em seu coração uma dúvida: Seria ele o Messias prometido? Só havia uma maneira de ter a resposta desejada: interrogando-o. Enviou, então, seus discípulos ao encontro do Mestre, com uma pergunta: *"És tu aquele que há de vir, ou devemos esperar outro?"* (Mt 11,3). A resposta de Jesus foi clara e objetiva: *"Ide contar a João o que estais ouvindo e vendo..."* (Mt 11,4).

Ao povo insatisfeito e faminto da verdade, Jesus apresentava uma nova perspectiva de vida, marcada pelo amor. Deixava claro que esse projeto não era seu, mas do Pai, a quem amava infinitamente. A vontade de seu Pai era que anunciasse um Reino já presente neste mundo, mas que se realizaria plenamente no outro. Nesse anúncio, ele empregava uma linguagem que todos entendiam: falava de pássaros do céu e de plantações de trigo, de lírios do campo e moedas perdidas, de luz e sal, de ovelhas e pescadores. As pessoas o seguiam porque ele falava como quem tinha autoridade. Alguns, impressionados, exclamariam mais tarde: *"Por toda a parte, ele andou fazendo o bem"* (At 10,38).

Perseguido e incompreendido, caluniado e rejeitado, Jesus nunca deixou de anunciar o Reino de Deus, nem mesmo quando, para que se calasse, o pregaram numa cruz. Mesmo ali continuou ensinando através de palavras e gestos: falou de perdão e perdoou, preocupou-se com seus seguidores e lhes deu uma mãe, dirigiu-se a seu Pai e entregou a própria vida em suas mãos. Ressuscitado e vitorioso, voltou para o Pai, para que assim seus discípulos recebessem o Espírito Santo. Conforme prometeu, o advogado que enviaria seria luz e força na vida de seus discípulos. Antes disso, deixou uma última ordem, que era um resumo do que havia feito em sua vida: *"Foi-me dada toda a autoridade no céu e na terra. Ide, pois, fazer discípulos entre todas as nações, e batizai-os em nome do Pai, do Filho e do Espírito Santo. Ensinai-lhes a observar tudo o que vos tenho ordenado. Eis que estou convosco todos os dias, até o fim dos tempos"* (Mt 28,17-20).

Ao partir pelo mundo para transmitir a Boa-Nova, seus discípulos enfrentaram problemas e desafios. Em nossa época, isso não é diferente. Mas quais são os desafios e problemas que devemos enfrentar hoje? Como observar e transmitir tudo o que nos foi ensinado?

Para responder a tais perguntas é importante, por um lado, abrir o Evangelho. O projeto de Jesus Cristo para os nossos dias é o mesmo de sempre: amar a Deus sobre todas as coisas e ao próximo como a si mesmo, construir o reino de justiça, de fraternidade e paz, valorizar a vida comunitária, desapegar-se de tudo, para ser de todos, saber perdoar, testemunhar a alegria, ser um servidor, amar os pobres etc.

É necessário, por outro lado, estar atento ao mundo em que vivemos – mundo marcado por conquistas fantásticas que dignificam o ser humano: doenças são vencidas e distâncias são superadas, desertos se transformam em jardins e computadores simplificam as tarefas, meios de comunicação aproximam as pessoas e transformam nosso planeta numa pequena aldeia. Mas esse nosso mundo é marcado também por manifestações de ódio e egoísmo, por armas de destruição e violência, pela indiferença de uns e pelo enriquecimento ilícito de não poucos. O que fizemos desse imenso jardim que Deus nos deu!

É neste mundo concreto que Jesus Cristo quer que anunciemos o Evangelho. Ele não nos veio dar receitas prontas, apresentar fórmulas mágicas, facilitar nosso trabalho ou diminuir as exigências de sua mensagem, para que conquistemos mais seguidores. Antes, olha para cada um de nós e repete a proposta que fez a muitos outros: *"Vem e segue-me!"* (Mt 19,21). Seguindo-o, conheceremos a força de seus gestos e o alcance de suas palavras, a bondade e as lições de seu coração misericordioso. Então, como os discípulos de João Batista, também nós teremos condições de sair por aí contando para todos o que ouvimos e vimos, como também o que somos chamados a viver e a ensinar.

A CABEÇA DE JOÃO BATISTA

Era muita empolgação por pouca coisa. Que a jovem tivesse dançado de forma perfeita, tudo bem; daí a ter o direito de pedir o que quisesse, mesmo que fosse a metade do reino, só se compreende pela circunstância: era uma festa e o vinho devia estar sendo servido há muito tempo, não poupando de seus efeitos nem mesmo o poderoso Herodes. A promessa feita por esse rei à jovem dançarina, diante de todos os convidados, deve ter deixado todo mundo surpreso: *"Tudo o que me pedires eu te darei..."* (Mc 6,23). Confusa, diante da generosidade do tio, a dançarina dirigiu-se à mãe, em busca de ajuda: O que pedir? Para Herodíades, esposa de Felipe (irmão do rei), era a oportunidade há tanto tempo esperada. Poderia, agora, vingar-se de João Batista, que criticara Herodes pelo relacionamento que tinha com ela, a cunhada: *"Não te é lícito"*, dissera-lhe o Batista, *"ter a mulher de teu irmão"* (Mc 6,18).

A mãe da jovem não sugeriu à filha que pedisse a metade do reino, nem títulos de honra, mas a cabeça do profeta incômodo chamado João Batista. Deve ter pensado: "Além de vingar-me dele, livro-me de críticas futuras". Por esse pedido, Herodes não esperava; chegou a entristecer-se ao ouvi-lo. Sentia, porém, ser vergonhoso não atendê-lo *"por causa do juramento e dos convidados"* (Mc 6,26). Assim, aquele profeta que havia recebido o mais alto elogio de Jesus – *"dentre os nascidos de mulher, nenhum foi maior do que João Batista"* (Mt 11,11) –, morreria por um motivo mesquinho: aplacar um desejo de vingança. Não poderia Deus ter feito uma intervenção extraordinária? Não teria condições de evitar essa morte? Não lhe seria possível preservar aquele que se dedicara com tanto entusiasmo à missão de *"preparar os caminhos do Senhor"*? Não houve milagre, não houve nenhuma ação extraordinária de Deus. Herodíades poderia ter sofrido um infarto, ou qualquer mal-estar súbito antes de ter feito o pedido. Tivesse morrido na noite anterior, não teria havido a dança da filha; então, uma vida tão importante como a de Batista teria sido resguardada.

Essas perguntas e reflexões são nossas, particularmente nossas. *"Meus pensamentos não são os vossos pensamentos, e os vossos caminhos não são os meus caminhos"*, havia dito o Senhor, alguns séculos antes, pela boca de Isaías. *"Quanto o céu é mais alto do que a terra, tanto os meus caminhos estão acima dos vossos caminhos e meus pensamentos acima dos vossos pensamentos"* (Is 55,8-9).

Curiosa a maneira de agir de Deus: ele não vive intervindo a toda hora na obra da criação, para impedir a ação do mal, mesmo que o mal se alastre, prejudicando uma pessoa ou mesmo várias gerações. Pois, se ele o fizesse, não sobraria espaço para a liberdade humana: seríamos, então, meros joguetes, sem responsabilidade ou mérito por nossos atos. Nossos pensamentos, palavras e atos são muito mais importantes do que imaginamos. Do uso de nossa liberdade nasce uma série de consequências que tornarão a vida humana melhor ou pior.

Depredamos a natureza e introduzimos desequilíbrios em sua ordem? Não haverá milagres para que mil desgraças sejam afastadas. Deixamos que a ganância tome conta de nosso coração e criamos estruturas iníquas em nossa sociedade? Não haverá intervenção divina para que menores deixem de perambular pelas ruas de nossas cidades e maiores não morram de fome. Poluímos nossos jovens com filosofias de vida marcadas pelo consumismo e hedonismo? Não haverá atos celestiais para evitar o vazio e o sofrimento em muitos corações.

No passado, como no presente, Deus nos leva a sério. Ele, que nos deu a liberdade, é o primeiro a respeitá-la, mesmo que a usemos para fazer o que é contrário à sua vontade, prejudicando pessoas e nos empobrecendo espiritualmente. Um dia, porém, todos – Herodes, Herodíades, a jovem dançarina, João Batista, você, eu... – responderemos pelo uso de nossa liberdade. Mais do que uma ameaça, essa certeza deve ser uma força motivadora para passarmos a vida fazendo o bem. Já os que usam inadequadamente sua liberdade devem ter, ao menos, a capacidade de assumir as consequências de suas escolhas.

"DAI-LHES VÓS MESMOS DE COMER!"

Logo que soube da notícia do martírio de João Batista, Jesus interrompeu o atendimento ao povo que o seguia e retirou-se para um lugar deserto. As multidões não se conformaram com o seu desaparecimento e saíram à sua procura. Quando Jesus viu os homens e mulheres que, a pé, tinham ido a seu encontro, ficou comovido, dirigiu-lhes a palavra e curou muitos enfermos. Anoiteceu. Nasceu, então, uma preocupação no coração dos discípulos: O que fazer? Como o povo iria alimentar-se? Seria melhor que o Mestre recomendasse que todos fossem embora e, nas cidades, comprassem alimento. A observação de Jesus, contudo, os surpreendeu: *"Não é necessário; dai-lhes vós mesmos de comer"*. A resposta dos apóstolos foi de surpresa: *"Não temos aqui mais do que cinco pães e dois peixes"*. Para Jesus, bastava isso. Ele tomou esses cinco pães e peixes, abençoou-os, deu-os aos apóstolos e eles os distribuíram a todos (cf. Mt 14,14-21).

O gesto de Jesus foi um milagre, não uma mera coleta de alimentos com uma posterior redistribuição a todos, como querem alguns racionalistas. O evangelista é muito claro: os pães que os apóstolos apresentaram a Jesus e que ele pegou e abençoou eram cinco, junto com dois peixes. Ou, nas palavras de Mateus: "Então, Jesus pegou os cinco pães e os dois peixes, ergueu os olhos para o céu e pronunciou a bênção, partiu os pães e os deu aos discípulos; e os discípulos os distribuíram às multidões".

Alguém, conhecendo esse fato, poderia perguntar-se: Por que Jesus se preocupou com a fome de seus ouvintes? Ele não veio até nós para nos ensinar coisas importantes e elevadas, isto é, para apresentar a Boa-Nova trazida do Pai? Como pôde perder seu precioso tempo com uma algo apenas humano (tão secundária e passageira) como a fome? (*A fome só é passageira se nos alimentarmos.*)

O gesto de Jesus foi uma antecipação de outro pão que ele nos daria: "*o pão que desce do céu, para que não morra quem dele comer*" (Jo 6,50). Sua preocupação com a fome do povo era, também, uma prova clara de que ele veio ao mundo para salvar o homem todo, e não apenas sua alma. Portanto, tudo o que é importante para o ser humano é importante para Jesus – também a nossa sobrevivência, também o pão de cada dia, como ele próprio nos ensinou a pedir: "*Pai... o pão nosso de cada dia nos dai hoje...*". Ao dizer aos apóstolos: "*Dai-lhes vós mesmos de comer!*", Jesus estava nos dando mais uma lição: para a solução do problema da fome, ele quer contar com a nossa colaboração.

Peguemos a aeronave do tempo e voltemos para a época atual. Hoje, ainda que seja rotina o envio de foguetes espaciais para o espaço celeste, que computadores, telefones celulares e internet façam parte da vida diária de multidões, que, a cada momento, entrem em nossa casa imagens ao vivo de qualquer parte do mundo... também há pessoas morrendo de fome.

33

Não estou referindo-me ao que acontece na África ou em regiões da Índia, mas no próprio Brasil, país que está entre os maiores produtores de grãos do mundo. Sim, aqui, em nossa pátria, há gente passando fome, por não ter emprego nem condições de conseguir, com dignidade, o pão que é um direito de todos. O "pão" a que me refiro é muito mais do que o alimento básico em nossas mesas; ele é o símbolo de tudo o que é necessário para se falar em vida digna: saúde, habitação, educação, saneamento básico, segurança etc.

Angustiados e desorientados com essa situação, talvez tenhamos a tentação de perguntar, como que querendo fugir de qualquer responsabilidade por tal situação: "Como é possível que Deus permita a fome no mundo? Como entender que muitos de seus filhos sofram tanto?". Deus não precisa nos responder, pois já o fez: *"Dai-lhes vós mesmos de comer!"*.

É necessário que, colocando em prática nossa criatividade, encontremos respostas adequadas para desafios que não deveriam existir, mas que existem, porque nem sempre sabemos repartir nossos dons. Na Eucaristia, Jesus nos ensina que só se encontra a solução para qualquer problema quando somos capazes de, como ele, repartir com os demais o próprio coração.

"VAI E FAZE TU O MESMO!"

Uma das parábolas mais conhecidas de Jesus é a chamada "Parábola do bom samaritano (Lc 10,25-37). Só para recordar: um doutor da lei queria saber do Mestre o que é necessário fazer para alcançar a vida eterna. Em resposta, Jesus fez com que ele mesmo recordasse os dois grandes mandamentos da Lei de Deus: o amor a Deus, de todo o coração e com todas as forças, e o amor ao próximo, como a si mesmo. Ao ouvir que devia cumprir esses mandamentos para, então, viver plenamente, o doutor da lei, querendo justificar-se, voltou com nova questão: *"E quem é o meu próximo?"*.

Graças a essa pergunta, temos a "Parábola do bom samaritano", criada por Jesus. Antes de tudo, uma observação: a "parábola" era e é um tradicional método de ensino dos orientais. Por meio de histórias ou de fatos da vida, ensina-se uma verdade. Na parábola em questão, um homem da Samaria, movido de compaixão, atendeu a um homem ferido por ladrões na estrada. Antes dele, dois outros haviam passado por aquele lugar e mostraram indiferença em relação ao homem ferido. Depois de ter feito no próprio local os curativos possíveis, o samaritano levou-o para uma hospedaria, completou os curativos e, no dia seguinte, antes de partir, pagou antecipadamente ao hospedeiro a continuação do tratamento. E acrescentou: *"Trata dele e, quanto gastares a mais, na volta te pagarei"*. Contada a parábola, foi a vez de Jesus fazer uma pergunta ao doutor da lei: *"Qual desses três parece ter sido o próximo daquele que caiu nas mãos dos ladrões?"*. Respondeu o doutor: *"Aquele que usou de misericórdia para com ele"*. Então, Jesus lhe disse: *"Vai e faze tu o mesmo!"*.

"Vai e faze tu o mesmo!" Nessa orientação resume-se a doutrina social da Igreja, doutrina essa que tem quatro pilares:

1º) *Direitos humanos.* O ser humano – cada ser humano! – tem um valor intrínseco e inestimável. O homem e a mulher são as únicas criaturas que Deus quis por elas mesmas. Por isso, o ser humano deve ser sempre visto como um fim e nunca como um meio; considerado sempre como sujeito, não como objeto e, menos ainda, como um produto comercial. Dessa visão cristã do ser humano, nascem algumas perguntas: Que papel têm os mais fracos em nossa sociedade? Os menos capazes? Os anciãos? Os não nascidos? Os portadores de doenças crônicas? A Igreja defende a "cultura da vida" – de toda vida, também da frágil e indefesa –, em oposição à "cultura da morte", sintetizada no favorecimento de abortos, na defesa da eutanásia ou numa atitude de indiferença diante dos mais fracos.

2º) *Solidariedade.* Cada pessoa tem direito de ser defendida pela sociedade. Quando se trata de uma pessoa que, sozinha, não consegue reerguer-se, maior é o direito que tem de receber a atenção de todos – inclusive do Estado. Diante dos desafios de nossa sociedade, há necessidade de respostas criativas. No início do Cristianismo, os cristãos punham tudo em comum, procurando ajudar-se mutuamente; na Idade Média, surgiram ordens religiosas voltadas para a prática da caridade;

em séculos recentes, nasceram instituições voltadas para crianças abandonadas, para idosos sem proteção, para doentes sem amparo etc. E hoje?... Num mundo que se globaliza no campo econômico, devemos defender a globalização da solidariedade.

3º) *Subsidiariedade.* "Na aldeia global, as unidades sociais menores – nações, comunidades, grupos religiosos ou étnicos, famílias e pessoas – não devem ser absorvidas anonimamente por uma comunidade maior, de modo que percam sua identidade e se usurpem suas prerrogativas. Pelo contrário, é preciso defender e apoiar a autonomia própria de cada classe e organização social, cada um em sua esfera" (João Paulo II, 24 de fev. de 2001). A globalização não deve transformar-se em uma nova versão do colonialismo.

4º) *Santidade.* Num mundo em que os problemas sociais se multiplicam, a obra que temos pela frente é desproporcional às nossas forças. *"Sem mim, nada podeis fazer"* (Jo 15,5), afirmou Jesus. Por isso, precisamos começar por nós mesmos, esforçando-nos por imitar o Mestre. Os santos são os grandes transformadores do mundo. Eles entenderam muito bem a ordem: *"Vai e faze tu o mesmo"*...

PREZADO ZAQUEU

Escrevo-lhe, Zaqueu, mesmo sem saber se, quando você morava na cidade de Jericó, alguém algum dia lhe escreveu uma carta. Imagino que não. Em primeiro lugar, porque isso não era comum naquela época. E se houve quem lhe escrevesse, duvido que tenha recebido alguma resposta, uma vez que você não era escritor ou poeta, não era de lidar com palavras. Tudo indica que você foi um homem de negócios. Normalmente, quem lida com números não gosta de escrever. Talvez gostasse mesmo era de conversar, contar histórias. E quer história mais interessante do que a que resume a sua vida? Detalhes do encontro que teve com Jesus nos foram relatados por Lucas, no capítulo 19 de seu Evangelho. Lucas, que fez pesquisas antes de registrar as palavras e os gestos de Jesus, procurou você, Zaqueu, para uma entrevista ou ouviu sua história através de alguém?

Em primeiro lugar, uma referência a seu nome. Em hebraico, o nome Zaqueu é "zakkai"; seria, pois, idêntico ao que encontramos em Esdras 2,9: "Zacai"? Ou o mesmo que Zabai, que aparece em Neemias 2,20? Em grego seu nome é "zacchaios", e aparece no Segundo Livro dos Macabeus 10,19. Desculpe minha sinceridade, mas seu nome não é muito popular, não. Para falar a verdade, nunca, em toda a minha vida, encontrei uma pessoa com nome igual.

Escreve São Lucas que você era "*chefe dos publicanos e muito rico*", que procurava ver Jesus e não conseguia, pois era baixinho. Então, subiu em uma árvore, para conseguir enxergá-lo. Mas tudo isso é "moldura" e ninguém se lembraria desses detalhes, se Jesus não lhe tivesse dirigido o olhar. Como, naquele momento, você deve ter-se sentido importante! Afinal, o famoso Jesus dignou-se a olhar em sua direção! Agora, gostaria mesmo era de saber o que você sentiu quando o Mestre lhe disse: "*Zaqueu, desce depressa! Hoje eu devo ficar em tua casa!*". Conte-me: O que você pensou naquela hora? Segundo a descrição de Lucas, você "*desceu depressa*" e recebeu Jesus com alegria em sua casa. Sua alegria deve ter sido tão grande, que nem deve ter dado importância aos comentários que logo surgiram: "*Todos começaram a murmurar: 'Foi hospedar-se na casa de um pecador!'*". Ou, talvez, foram justamente esses comentários que o fizeram se convencer da grandeza do gesto de Jesus, que se dignou entrar em sua casa, isto é, na casa de um pecador. Lucas comenta que, logo em seguida, você se pôs de pé e disse a Jesus: "*Senhor, a metade dos meus bens darei aos pobres e, se prejudiquei alguém, vou devolver quatro vezes mais*".

Pois bem, Zaqueu, você me testemunha o quanto é grande, imensa, infinita a misericórdia do Senhor. Aprendo com você que Jesus volta seu olhar para cada pessoa que sinta o desejo de conhecê-lo – mesmo para aquela que não se interessa por ele. Como seria importante, Zaqueu, se tivéssemos a sua capacidade de perceber o que há nesse olhar do Senhor, para tomar decisões tão generosas como as que tomou!

Outra lição que me dá, caro amigo, diz respeito à maneira como aconteceu sua conversão. Você entregou a metade de seus bens aos pobres e, aos que havia prejudicado (você mesmo admitiu, pois, que sua fama de "pecador" não era gratuita!...), devolveu quatro vezes mais. Que coração generoso o seu e, uma vez convertido, que coração justo! O que sentiu, depois de ter ouvido Jesus comentar: "*Hoje aconteceu a salvação para esta casa...*". Com efeito, o Filho do Homem veio procurar e salvar o que estava perdido? Mesmo que depois desse episódio os Evangelhos não falem mais de você, posso "vê-lo" no meio dos discípulos e apóstolos, acompanhando Jesus e servindo aos que precisavam de sua ajuda.

Obrigado, Zaqueu! Você agiu com uma simplicidade encantadora. Certamente fez o que fez sem pensar que, com isso, entraria para a história. Mas entrou. Seu nome, hoje, é conhecidíssimo! Você é um exemplo de como devemos responder ao olhar de Jesus e ao convite que ele nos faz para o acolhermos em nossa casa. Com você, aprendemos que vale a pena ser discípulo do Senhor. Obrigado, pois, pelo testemunho que nos deixou!

REFLEXÃO PARA UM DOMINGO DE RAMOS

A cidade estava em festa. Mais uma vez Jerusalém recebia uma grande multidão de peregrinos, vindos de cidades próximas e de países distantes, em visita a seu famoso templo. Eis que, de repente, apareceu Jesus de Nazaré, montado em um jumento. O povo não se conteve: pôs-se a louvar a Deus em altas vozes. Crianças, jovens e adultos estendiam seus mantos pelo caminho. Cortavam ramos de palmeira e saíam a seu encontro, gritando: *"Louvor a Deus! Deus abençoe o que vem em nome do Senhor!"* (Mt 21,1-11; Mc 11,1-10; Lc 19,28-40; Jo 2,12-16).

Se naquele tempo houvesse jornalistas, estaria garantida a manchete para a edição dos jornais do dia seguinte: *"Quem é este?"*. Afinal, essa era a pergunta feita pelos moradores de Jerusalém, diante da agitação da cidade com a chegada de Jesus. A resposta era dada pelos que participavam daquele grupo que se formara espontaneamente: *"Este é o profeta Jesus, o de Nazaré da Galileia"*.

É possível que essa resposta não tenha satisfeito a curiosidade dos estrangeiros que se encontravam por ali e que nada sabiam de Jesus. Nem os doutores da Lei estavam entendendo o comportamento e a alegria do povo. Também os apóstolos sentiam-se surpresos. Só mais tarde é que lembrariam que aquele momento tinha sido previsto séculos antes pelos profetas.

Como explicar o fenômeno daquele primeiro Domingo de Ramos? Ali estava alguém que era recebido como um rei, mas que tinha entrado na cidade montado em um jumento, não transportado por uma carruagem; encontrava-se rodeado de um pequeno grupo de pescadores, em vez de ser protegido por um poderoso exército. Além disso, que rei era esse que não tinha coroa, nem terras ou riquezas? Ninguém entendia a razão de tal recepção.

Impressionava a convicção que o próprio Jesus tinha de sua realeza. Dias depois, ele afirmaria solenemente a Pilatos: *"Sim, tu falaste: eu sou rei!"*. No domingo, enquanto era aclamado pelo povo, ao lhe pedirem que repreendesse os que o saudavam, respondeu: *"Se eles ficarem quietos, eu lhes digo, as pedras hão de gritar!"*.

Poucos dias depois, na mesma cidade de Jerusalém, mais uma vez Jesus de Nazaré estaria envolvido pela multidão. Dessa vez, porém, o povo não o aclamaria, mas pediria sua condenação: *"Crucifica-o, crucifica-o!"*. Pilatos se surpreendeu com o tal rei: quem estava ali, diante dele, tinha uma coroa de espinhos, uma cana na mão e estava ensanguentado – enfim, com um aspecto nada agradável de se ver.

Como entender o fenômeno que acontecera, isto é, a festiva aclamação de um dia ser substituída, em poucos dias, por uma total rejeição? Como entender uma mudança assim tão brusca? Não é fácil explicar tamanha inconstância. A melhor resposta para a mudança de sentimentos foi dada pelo próprio Jesus de Nazaré: *"Meu reino não é deste mundo..."*. Ele deixou claro que não veio em busca de glórias, louvores e elogios: *"Nasci e vim ao mundo para um só fim: para dar testemunho da verdade. Todo aquele que pertence à verdade ouve minha voz!"* (Mt 26–27; Mc 14–15; Lc 22–23; Jo 18–19).

Hoje, é fácil nos colocarmos na posição de juízes e criticar a inconstância de quem, dois mil anos atrás, se encontrava em Jerusalém. Mas será que nós mesmos não somos tão ou mais inconstantes? Não mudamos facilmente de opinião, levados por simpatias ou antipatias pessoais? Não nos deixamos levar por um sentimentalismo superficial e acrítico? Penso que não preciso apresentar exemplos, para ajudá-los a ter respostas para essas perguntas. A verdade é que a perseverança no seguimento de Jesus Cristo não se consegue apenas com bons propósitos, mesmo que feitos com a melhor das intenções. Há necessidade de fundamentá-los, renová-los e transformá-los em gestos concretos, a cada dia, a cada hora.

Também em nossos dias, as mesmas mãos que estendem um manto ou jogam ramos para dar passagem a um rei podem servir, pouco depois, para se levantarem em acusação, exigindo sua crucificação.

Um rei pede passagem em nossa vida. A experiência de Jerusalém nos ensina, contudo, que não basta aclamá-lo alegre e festivamente num Domingo de Ramos...

"DEUS O RESSUSCITOU!"

O livro dos "Atos dos Apóstolos", escrito pelo evangelista Lucas para narrar a vida das primeiras comunidades cristãs após a morte, ressurreição e ascensão de Jesus Cristo aos céus, tem seu ponto alto nos discursos de Pedro e de Paulo. Tais discursos, chamados "querigmáticos" (que, segundo o dicionário, significa: proclamação em alta voz, anúncio), apresentam o núcleo central e essencial da mensagem cristã. Num deles, que ocorreu na cidade de Cesareia da Palestina, o apóstolo Pedro foi particularmente ousado, ao afirmar: *"Eles o mataram, pregando-o na cruz. Mas Deus o ressuscitou no terceiro dia"* (At 10,39-40). A preocupação principal de Pedro, de Paulo e dos demais apóstolos não era a de anunciar que Jesus Cristo havia morrido, mas que ressuscitara e, portanto, estava vivo! Eles estavam convictos de que essa era a verdade mais importante que tinham para transmitir ao mundo.

Há documentos históricos que comprovam a existência de Jesus de Nazaré na Palestina e sua crucifixão em Jerusalém. Mas em que nos baseamos para afirmar que ele ressuscitou dos mortos? Em dados científicos? Certamente, não! Por mais importante que seja a ciência, ela não serve para comprovações no campo da fé. A fé é um dom e um mistério: nós a recebemos por graça divina, e a razão humana não é capaz de demonstrar ou explicar o conteúdo do que acreditamos.

Quando se trata da ressurreição de Cristo, valem para nós o testemunho e as afirmações dos apóstolos: eles viveram para proclamar que Jesus ressuscitou, e morreram para testemunhar essa verdade. Curioso, e ao mesmo tempo significativo, foi que eles não esperavam essa ressurreição. Quando, ao terceiro dia após a morte, naquele domingo que ficaria célebre e que daria sentido a todos os demais domingos da história, os apóstolos e as santas mulheres foram ao sepulcro, tinham como objetivo cuidar do corpo de uma pessoa que havia morrido. Se esperassem encontrar-se com Jesus, não teriam levado perfumes para embalsamar seu corpo. Ao verem o sepulcro vazio, ficaram inicialmente chocados; ao ouvirem a mensagem que um jovem havia transmitido às mulheres – "*Procurais Jesus, o nazareno, aquele que foi crucificado? Ele ressuscitou!*" –, manifestaram surpresa. Surpresos ficaram também nas diversas vezes em que Jesus lhes apareceu, quando lhes perguntou se tinham alguma coisa para comer e, particularmente, ao verem que ele próprio lhes havia preparado um peixe assado.

Pode-se dizer que o coração dos apóstolos realmente mudou, quando eles passaram pela experiência de Pentecostes. Cheios do Espírito Santo, perceberam a unidade que havia na pregação de Jesus, nos seus milagres e nos vários momentos de sua vida. Antes, segundo o evangelista João, "*eles ainda não tinham compreendido a Escritura, segundo a qual Jesus devia ressuscitar dos mortos*". Tendo recebido o Espírito Santo, compreenderam que tudo o que fora anunciado antes de Cristo chegara a seu ponto máximo em sua ressurreição. Ela é que dava sentido ao que haviam visto e ouvido. Essa certeza, que mudou radicalmente suas vidas, foi, portanto, fruto de um processo, de um crescimento – um processo longo e difícil.

Para nós, que vivemos no século XXI, o que significa crer que Jesus ressuscitou? Crer em sua ressurreição significa ter consciência de que participamos da fé dos apóstolos. Cremos em seu testemunho. Nossa fé nos liga a Pedro, a João, a Tiago, a Bartolomeu... Somos herdeiros de suas convicções e de seu entusiasmo.

Crer na ressurreição de Cristo significa ter a convicção de que ele está vivo. Porque ele ressuscitou, dispomo-nos a escutar seus ensinamentos, a viver como ele viveu e a segui-lo, dia por dia. Numa vida conduzida por essa certeza, o pecado perde cada vez mais espaço. Cresce, então, a dedicação pelos outros, fortalece-se o espírito de justiça e fortifica-se o desejo de construir um mundo fraterno.

"Eles o mataram, pregando-o numa cruz. Mas Deus o ressuscitou no terceiro dia". Se essa verdade nortear nossa vida, não há mais dúvidas: entendemos o sentido da Páscoa.

PEDRO E PAULO: COLUNAS DA IGREJA

Anualmente, no dia 29 de junho (quando esse dia cai num domingo) ou no primeiro domingo depois desse dia, celebramos a solenidade de São Pedro e São Paulo, duas colunas da Igreja. Ambos foram apóstolos e deram a vida por Cristo, em Roma, por ocasião das perseguições de Nero (cerca de 64 d.C.). Jesus é a pedra angular da Igreja; nós somos *"concidadãos dos santos e moradores da casa de Deus"*, edificados sobre o alicerce dos apóstolos (Ef 2,19-20).

É surpreendente constatar o quanto nossa fé deve a esses dois homens que percorreram caminhos diferentes, até serem apóstolos de Jesus Cristo. Olhando-os hoje e tomando consciência do que fizeram, percebemos melhor como age a graça de Deus no coração das pessoas e na história do mundo. O próprio Paulo testemunhou aos cristãos de Corinto: *"Há diversidade de dons, mas o Espírito é o mesmo. Há diversidade de ministérios, mas o Senhor é o mesmo. Há diferentes atividades, mas é o mesmo Deus que realiza tudo em todos. A cada um é dada a manifestação do Espírito, em vista do bem de todos"* (1Cor 12,4-7). "Em vista do bem de todos", Deus escolheu dois homens extraordinários, que se completavam e que muito nos ensinaram.

Quem era Pedro? Era um pescador. Certamente teria morrido pescador, se Jesus não tivesse um dia passado por sua vida. Deixemos a descrição desse momento para o evangelista Mateus: "*Caminhando à beira do mar da Galileia, Jesus viu dois irmãos: Simão, chamado Pedro, e seu irmão André. Estavam jogando as redes ao mar, pois eram pescadores. Jesus lhes disse: 'Segui-me, e eu farei de vós pescadores de homens'. Eles, imediatamente, deixaram as redes e o seguiram*" (Mt 4,18-20). Nesse "imediatamente" está um pouco do temperamento de Pedro: era uma pessoa impulsiva, sanguínea, de reações imediatas. Passará a seguir o Mestre pelas estradas, da Galileia à Judeia, acompanhará suas pregações e milagres, fará intervenções oportunas e inoportunas. Dirá palavras sublimes: "*Tu és o Cristo, o filho de Deus vivo!*" (Mt 16,16); mas dirá também palavras desconcertantes: "*Não sei de que estás falando*" (Mt 26,70), respondeu a uma criada que, após a prisão de Jesus, dele se aproximou, apontando-o como um dos que acompanhavam Jesus. Talvez nenhuma ocasião tenha sido tão dolorosa para ele como aquela em que Jesus, por três vezes, lhe perguntou: "*Tu me amas?*" (Jo 21,15-19). Sua resposta, após a terceira vez em que foi interrogado, demonstrou que tinha feito uma verdadeira experiência da verdade, e a verdade é irmã da humildade: "*Senhor, tu sabes tudo; tu sabes que te amo*". Poucos como Pedro deram, ao longo da história da Igreja, um testemunho tão comovente de Jesus Cristo.

O caminho de Paulo até se tornar apóstolo de Jesus Cristo foi muito diferente. Filho de um judeu de Tarso, estudou em Jerusalém, especializando-se nos livros sagrados. Zeloso observante das leis judaicas, preocupou-se com a expansão da Igreja de Jesus, que estava apenas surgindo. Tendo recebido cartas de recomendação para as sinagogas de Damasco, queria levar presos para Jerusalém: *"os homens e mulheres que encontrasse, adeptos do Caminho"* (At 9,2). Mas Jesus o esperava na entrada de Damasco: *"De repente, viu-se cercado por uma luz que vinha do céu. Caindo por terra, ouviu uma voz que lhe dizia: 'Saulo, Saulo, por que me persegues?' Saulo perguntou: 'Quem és, Senhor?' A voz respondeu: 'Eu sou Jesus, a quem tu estás perseguindo'"* (At 9,3-5).

Saulo, que depois disso passou a se chamar Paulo, teve, no momento de sua conversão, sua primeira lição a respeito do Cristianismo, lição que marcará seu apostolado e suas cartas: Jesus se identifica com seus discípulos. A partir daí, Cristo tornou-se uma verdadeira paixão na vida desse apóstolo, a ponto de testemunhar aos gálatas: *"Eu vivo, mas não eu: é Cristo que vive em mim"* (Gl 2,20). Dedicou sua vida para anunciá-lo a judeus e pagãos.

Pedro e Paulo: dois irmãos nossos, dois apóstolos de Jesus Cristo, duas colunas da Igreja. Por isso, peçamos ao Pai: "Concedei à vossa Igreja seguir em tudo os ensinamentos destes apóstolos que nos deram as primícias da fé".

OBRIGADO, TOMÉ!

Imagine um repórter saindo pelas ruas de sua cidade, perguntando a quem encontrasse: "O que você sabe a respeito do apóstolo Tomé?". Penso que a maioria das pessoas lhe diria, sem refletir muito, que ele "é aquele apóstolo que duvidou, que não acreditou!". Realmente, Tomé, um dos doze apóstolos de Jesus, demonstrou não acreditar facilmente em qualquer afirmação que lhe faziam. Queria provas concretas para crer no que lhe diziam a respeito da ressurreição. Injusto, contudo, é transformá-lo em sinônimo de incredulidade, como se sua vida se tivesse resumido a isso.

Antes de tudo, é preciso lembrar sua generosidade e seu amor pelo Mestre. Quando Jesus soube da doença e morte de Lázaro, amigo de Tomé, tomou a decisão de "acordá-lo" de seu sono. Os apóstolos mostraram-se, então, preocupados, pois pouco tempo antes os habitantes da Judeia haviam manifestado o desejo de apedrejar o Senhor. Nesse momento, "Tomé (cujo nome significa Gêmeo) *disse aos companheiros: 'Vamos nós também, para morrer com ele!'*" (Jo 11,16). Ponto para Tomé.

Quem é Jesus Cristo? Uma das respostas a essa pergunta foi dada pelo próprio Jesus, graças a esse apóstolo. O Senhor preparava os discípulos para o momento em que eles não mais o teriam junto de si e lhes disse: "*Não se perturbe o vosso coração!... Na casa de meu Pai há muitas moradas... Vou preparar um lugar para vós... Voltarei e vos levarei comigo... E para onde eu vou, conheceis o caminho!*". Tomé não guardou para si a curiosidade que, provavelmente, estava também no coração dos demais apóstolos: "*Senhor, não sabemos para onde vais. Como poderemos conhecer o caminho?*". Foi a ocasião propícia para Jesus se apresentar: "*Eu sou o caminho, a verdade e a vida*" (Jo 14,1-6). Mais um ponto para Tomé.

Chegamos, enfim, ao acontecimento que fez sua fama. Ao anoitecer do domingo da ressurreição, os apóstolos e discípulos, dominados pelo medo, encontravam-se dentro de uma sala fechada. Jesus surgiu no meio deles, desejou-lhes a paz, mostrou-lhes as mãos e o lado, deu-lhes o Espírito Santo e o poder de perdoar os pecados. Tomé não se encontrava ali. Quando chegou e ouviu os demais falarem da aparição de Jesus, observou: "*Se eu não vir a marca dos pregos em suas mãos, se eu não puser o dedo nas marcas dos pregos, se não puser a mão no seu lado, não acreditarei!*". Uma semana depois, Jesus voltou a encontrá-los. Dessa vez, Tomé estava presente. Jesus, então, lhe dirigiu a palavra: "*Põe o teu dedo aqui e olha as minhas mãos. Estende a tua mão e coloca-a no meu lado*". Graças a Tomé, sabemos que no corpo ressuscitado de Jesus estão impressas, eternamente, suas chagas. Que ponto para Tomé!

Devemos-lhe, também, uma das mais belas provas da misericórdia infinita de Jesus. Embora tivesse sido grande a falta cometida por esse apóstolo, que não acreditou no testemunho de seus colegas, o Mestre não o condenou, mas também não deixou de adverti-lo: *"Não sejas incrédulo, mas crê!"*.

Mais do que uma advertência, essa observação passaria a ser um programa de vida para esse apóstolo e para toda a Igreja. Fruto desse episódio, nasceu a mais bela herança que Tomé nos deixou, ao se dirigir a Jesus e proclamar a frase que é repetida diariamente ao longo dos séculos, por milhões de pessoas: *"Meu Senhor e meu Deus!"*.

Por fim, mais uma lição que o Ressuscitado nos deixou, graças àquele apóstolo – lição imprescindível para nós que precisamos viver a fé no meio de desafios e decepções, de notícias tristes e de injustiças. Dirigindo-se a Tomé, Jesus lhe disse: *"Creste porque me viste? Felizes os que, sem terem visto, creram!"* (Jo 20,19-29).

Só nos resta agradecer a Tomé suas preciosas intervenções e sua espontaneidade, sua humildade e sua amizade com Jesus. Dentre as muitas formas que temos de lhe demonstrar nossa gratidão, creio que nenhuma será tão adequada como a de fazermos nossa e repetirmos continuamente sua solene proclamação: *"Meu Senhor e meu Deus!"*. E por que não pedir sua intercessão para que também nós tenhamos, um dia, a graça e o privilégio de colocar o dedo nas chagas de Cristo Ressuscitado?...

"AI DE MIM SE EU NÃO ANUNCIAR O EVANGELHO"

Corinto era uma importante e próspera cidade marítima grega, onde se cruzavam negociantes do Oriente e do Ocidente. A cidade tinha péssima fama, pois nela havia um templo dedicado à deusa Afrodite, cultuada pela prática e incentivo à prostituição. Percebendo a importância dessa cidade para a expansão do Evangelho, o apóstolo Paulo a visitou no ano 50 ou 51, em sua segunda viagem apostólica. Fundou ali uma comunidade, com que passou a se corresponder.

Estudiosos da Bíblia concluíram que ele provavelmente teria escrito cinco cartas para os coríntios, das quais conhecemos apenas duas. Dadas as suas novas convicções, Paulo não era bem-aceito pelos judeus que ali viviam; eles não se conformavam com o fato de o apóstolo não valorizar a observância de práticas legalistas e não dar destaque à sua origem judaica. Como a comunidade que ele ali formara enfrentava muitos desafios, Paulo escrevia-lhe para defendê-la, animá-la e também adverti-la quanto a algum deslize. Além disso, procurava justificar sua pregação, esclarecendo que não agia levado por algum interesse próprio, mas unicamente impulsionado pelo amor de Cristo (cf. 2Cor 5,14).

Há os que se perguntam: Quando Paulo se referia ao amor de Cristo, afirmando que se sentia impulsionado por ele, referia-se a seu amor por Cristo ou ao amor de Cristo por ele? É preciso entender sua afirmação nos dois sentidos, uma vez que o amor de Jesus por ele gerava seu amor por Cristo. O amor de Deus é sempre o ponto inicial: ele não nos ama porque somos bons; nos ama porque ele é bom e é próprio do amor expandir-se por meio das pessoas amadas. Nosso amor por Deus e pelo próximo é uma resposta a esse amor. Em outras palavras: nós amamos com o amor que Cristo coloca em nosso coração. Esse amor nos pressiona, nos compele, nos impele, nos estimula a amar, dando origem a gestos de doação para com amigos e conhecidos, para com desconhecidos e necessitados. Ao seguir Jesus, descobrimos que é o rosto de Cristo que está presente no rosto de cada pessoa. Tendo feito a experiência do amor de Cristo por ele (*"Ele me amou e se entregou por mim"* – Gl 2,20), Paulo sentia uma necessidade irresistível de levar a outros a experiência que ele próprio havia feito, a ponto de exclamar: *"Ai de mim se eu não anunciar o Evangelho"* (1Cor 9,16). Diante da urgência da missão evangelizadora, ele aceitava enfrentar prisões e perseguições, fome, nudez e calúnias. Para ele, o importante era que Cristo fosse conhecido, amado e seguido.

É pedida aos cristãos de hoje a coragem de Paulo, mesmo porque surgiram no mundo novos "areópagos" (cf. At 17,19), isto é, ambientes hostis ao Evangelho, onde Cristo está particularmente ausente. Pensemos, por exemplo, no mundo das comunicações, no da cultura e no das pesquisas científicas, no ambiente das universidades e das relações internacionais... Esses, e muitos outros ambientes, precisam ser iluminados pela luz do Evangelho.

Cristo nos dê, pois, um coração cheio de ardor apostólico, capaz de evangelizar com novos métodos e renovado entusiasmo. É necessário empregarmos nossa imaginação e criatividade para que o Evangelho chegue a todos, numa linguagem que atinja o homem moderno. Em outras palavras, cabe-nos anunciar Jesus Cristo e convidar o povo a converter-se, formar comunidades que escutem a Palavra de Deus e estejam unidas na oração e na Eucaristia. Cabe-nos, também, lembrar a todos que a evangelização é tanto um compromisso pessoal, já que somos batizados, como comunitário: *"Nisto conhecerão todos que sois os meus discípulos: se vos amardes uns aos outros"* (Jo 13,35).

"Ai de mim se eu não anunciar o Evangelho!" (1Cor 9,16). Paulo tinha convicção de que Cristo é o único salvador de todos, o único capaz de nos revelar e de nos conduzir a Deus. Tinha consciência, também, de que nele o Pai se revelou de forma definitiva, deu-se a conhecer de modo pleno, disse à humanidade quem é e o que deseja de nós. Por isso, anunciá-lo era a razão de ser de sua vida. Não deve ser essa também a razão de ser da nossa vida, já que somos os atuais discípulos missionários?

"FICA CONOSCO, SENHOR!"

O desânimo e a tristeza se abateram sobre aqueles dois discípulos que voltavam para Emaús. Eles haviam seguido Jesus de Nazaré e posto nele sua esperança, mas estavam decepcionados, porque tudo terminara de forma rápida, inesperada e frustrante. Condenado, Jesus não reagiu; castigado, não se defendeu; ironizado pelos soldados, não desceu da cruz para mostrar o seu poder. Onde ficaram suas palavras, seus milagres e as multidões que o haviam seguido? O que restava de suas promessas e da esperança que havia despertado em tantos corações? Para os dois discípulos, só havia uma saída: deixar Jerusalém e voltar para a sua aldeia. Estavam voltando, na verdade, para sua vida antiga, sem perspectivas e sem esperança. Foi quando um desconhecido pediu para acompanhá-los e quis conhecer o motivo da tristeza. Tendo ouvido sua história marcada por decepções, passou a demonstrar-lhes que conhecia as promessas feitas pelos profetas, que a cruz e a morte no Calvário, longe de terem sido o final de tudo, eram um novo caminho que se abria para eles. Suas palavras eram luz para aqueles corações envolvidos por nuvens escuras.

Tendo chegado a Emaús, vendo que o desconhecido ia adiante, os dois discípulos lhe fizeram um convite: *"Fica co-*

nosco, Senhor" (Lc 24,29). Convite feito, convite aceito. Quando o companheiro de caminhada sentou-se à mesa com eles e partiu o pão, perceberam que ele era Jesus. "*Neste momento, seus olhos se abriram, e eles o reconheceram. Ele, porém, desapareceu da vista deles*" (Lc 24,31).

A explicação das Escrituras, na viagem com o desconhecido, não havia sido suficiente para abrir os olhos dos discípulos de Emaús. Seus corações arderam, é verdade, mas o gesto essencial para reconhecerem o Ressuscitado foi o pão partido e repartido. Foi nessa hora que Cristo revelou sua identidade. Ao participarem desse gesto de partilha, reconheceram aquele que durante sua vida sempre se doara aos outros – doação que teve seu ponto máximo no Calvário.

Os discípulos de Emaús e os primeiros cristãos compreenderam muito bem a importância das lições deixadas por Jesus, tanto que se tornaram "*perseverantes em ouvir o ensinamento dos apóstolos, na comunhão fraterna, na fração do pão e nas orações*" (At 2,42). Na "fração do pão", faziam memória da vida, morte e ressurreição de Jesus. A instituição da Eucaristia, na noite da Quinta-feira Santa, havia antecipado, sacramentalmente, o dom que Cristo faria de si mesmo ao Pai, no Calvário. Agora, em cada fração do pão, essa memória seria perpetuada pelos séculos afora. A Igreja passaria a viver de Jesus eucarístico, sendo por ele nutrida e iluminada. A Eucaristia é mistério de fé e, ao mesmo tempo, mistério de luz. Sempre que a Igreja a celebra, podemos reviver a experiência dos dois discípulos de Emaús: "*Seus olhos se abriram, e eles o reconheceram*" (cf. Ecclesia de Eucharistia, nn. 3 e 6).

Os discípulos de Emaús, tendo reconhecido o Mestre, partiram com alegria para a missão. Deixaram sua aldeia e voltaram a Jerusalém para se encontrarem com os outros discípulos, pois queriam comunicar-lhes a experiência que tiveram com o Senhor. Tornaram-se, assim, testemunhas do Ressuscitado. É isso que Jesus continua realizando em cada missa. Ele transforma seus discípulos em alegres missionários, anunciadores da certeza que nos deixou: *"Eis que estarei convosco todos os dias, até o fim dos tempos"* (Mt 28,20). Como precisamos dessa presença! *"Sem Cristo não há luz, não há esperança, não há amor, não há futuro"* (Bento XVI, 13 de maio de 2007).

Aproximar-se da Eucaristia é fazer nosso o pedido dos discípulos de Emaús: *"Fica conosco, Senhor!"*. Como em Emaús, Jesus se senta conosco, toma o pão, pronuncia a bênção, parte o pão e o distribui. Assim, terminada a celebração, quando ouvimos: "Ide em paz, e que o Senhor vos acompanhe!", somos convidados a nos levantar e a voltar para a nossa Jerusalém, testemunhando a todos o nosso encontro com o Ressuscitado e enfrentando, com renovada alegria, nossa missão.

OS AMIGOS DE JESUS

Nas celebrações eucarísticas, após a consagração, proclamamos, convictos: "Anunciamos, Senhor, a vossa morte e proclamamos a vossa ressurreição. Vinde, Senhor Jesus!". Anunciar a morte do Senhor *"até que ele venha"* (1Cor 11,26) supõe, para os que participam da santa missa, assumir o compromisso de transformar a própria vida para que ela se torne, de certo modo, toda eucarística. Não é fácil fazer da vida uma Eucaristia contínua, mas, assumindo esse compromisso, manifestamos estar dispostos a nos oferecer ao Pai, à imitação de seu Filho que, ao entrar no mundo, disse: *"Eis que eu vim, ó Deus, para fazer a tua vontade"* (Hb 10,7). Mas por que nos oferecer ao Pai? Por que fazer sua vontade? A fé nos dá a resposta: porque Deus é Deus.

"Deus, sem mim, continua sendo Deus. E eu, sem Deus, o que serei?", foi a pergunta que uma jovem fez a si mesma, como atestava um bilhete afixado na parede de seu quarto. Porque Deus é Deus, é digno de toda honra e glória. O não reconhecimento de sua glória é uma grave omissão. O pior, contudo, é que, além de muitos não o reconhecerem como Deus e Senhor, o ofendem de forma consciente e sistemática. O pecado é justamente isso: uma ofensa a Deus: *"Contra ti, só contra ti eu pequei, eu fiz o que é mal a teus olhos"* (Sl 51/50,6a).

Quanto Deus é ofendido diariamente! Ao perceber as dimensões do pecado no mundo, Santa Teresa d'Ávila comentou: "Saio dessa vida sem compreender como é que o homem é capaz de ofender a Deus". Pior ainda é quando os pecados são feitos justamente por quem deveria amá-lo. Com razão, São João da Cruz exclamava: "O Amor não é amado".

No Horto das Oliveiras, Jesus convidou três apóstolos para permanecerem a seu lado: *"Ficai aqui e vigiai comigo!"* (Mt 26,38). No início de sua vida pública, quando os chamou a serem apóstolos, já havia deixado claro para que os convidara: *"Jesus subiu a montanha e chamou os que ele quis; e foram a ele. Ele constituiu então doze, para que ficassem com ele e para que os enviasse a anunciar a Boa-Nova"* (Mc 3,13-14). Chamou-os, pois, antes de tudo "para que ficassem com ele". Hoje, ele continua chamando homens e mulheres para o seguirem e ficarem com ele. É interessante notar que ele não escolhe e chama necessariamente as pessoas mais preparadas, mais virtuosas ou inteligentes. Chama quem ele quer, escolhe "vasos de barro", mas sempre para que fiquem com ele. Com ele, aprenderão a amar o Pai, a oferecerem sacrifícios pelos que estão longe de Deus e a implorarem a misericórdia divina em favor da humanidade.

Jesus deixou transparecer a força que um coração orante tem junto do Pai. O livro de Jonas (séc. VIII a.C.) já havia dado a esse respeito um belo testemunho: *"Deus viu o que os ninivitas fizeram e como voltaram atrás de seus caminhos perversos. Compadecido, desistiu do mal que tinha ameaçado. Nada fez"* (Jn 3,10).

Quem permanece junto do Mestre merece o nome de "amigo" e passa a fazer parte de um grupo especial: o dos amigos de Jesus. Tais amigos prolongam a missão de Jesus na Igreja e no mundo. Ao completarem em sua carne o que falta à paixão de Cristo (cf. Cl 1,24), colaboram na obra da redenção. A vida dos amigos de Jesus tem o seu ponto alto na Eucaristia. É ali que, mais do que em qualquer outro momento, os amigos de Jesus se tornam eficazes, pois se oferecem ao Pai *com Cristo, por Cristo e em Cristo.*

Ser amigo de Jesus é um programa de vida. Quem aceita permanecer com ele não precisa sair por aí dizendo isso para todo o mundo; é suficiente que o diga apenas a ele. Mas os amigos de Jesus não demorarão a descobrir que o testemunho de sua vida é uma das melhores formas de evangelização. Vendo-os, muitos se perguntarão: "Por que é que eles são assim? Por que vivem dessa maneira? Como é que são tão felizes? Quem é que os inspira?". A resposta a essas perguntas poderá ser dada de muitas formas. Talvez a mais adequada seja aquela dada pelo apóstolo Paulo e que somos chamados a fazer nossa: *"Minha vida atual na carne, eu a vivo na fé, crendo no Filho de Deus, que me amou e se entregou por mim"* (Gl 2,20b).

LIÇÕES DE MARIA

O ser humano é um eterno insatisfeito. Nunca se contenta com a fama, com o dinheiro ou com o prazer que alcança. Quer sempre mais. Ou, então, caminha e luta sem saber bem o que procura, e se pergunta se vale a pena viver, trabalhar e sofrer. Homens e mulheres sentem, no mais profundo de seu coração, uma fome que a fé cristã identifica como fome de amor. Deus nos criou para ele e fora dele não nos realizamos. O desejo de felicidade que sentimos foi colocado por ele mesmo em nosso coração. Santo Agostinho expressou isso de maneira feliz: "Criaste-nos para ti, Senhor, e inquieto está o nosso coração, enquanto não repousa em ti".

Criados para Deus, devemos procurá-lo. Mas não o procuraríamos, se já não o tivéssemos encontrado (cf. Pascal). Sim, ele nos amou primeiro e veio ao nosso encontro. Sozinhos, por nossa própria iniciativa, e só com nossas forças, nunca o encontraríamos.

O Senhor vem ao nosso encontro não porque somos bons ou temos algum merecimento diante dele. Ele vem ao nosso encontro porque nos ama. *"Deus é amor"* (1Jo 4,16), irá dizer-nos São João. A mão que ele estende em nossa direção é uma graça, um dom gratuito.

Foi gratuitamente, pois, que Deus foi ao encontro de Maria, em Nazaré. Por meio de Gabriel, seu mensageiro, o Senhor fez uma proposta àquela que era rica de seus favores: ela deveria conceber e dar à luz um filho, a quem poria o nome de Jesus. O menino que dela nasceria não seria uma criança qualquer: *"Ele será grande; será chamado Filho do Altíssimo, e o Senhor Deus lhe dará o trono de Davi, seu pai. Ele reinará para sempre sobre a descendência de Jacó, e o seu reino não terá fim"* (Lc 1,32-33).

Na História da humanidade, nenhum momento foi ou será tão importante quanto esse da Anunciação, em que o céu parou à espera da decisão de uma criatura. Sim, Deus, o Todo-poderoso, a quem nada é impossível, quis que seu plano de salvação ficasse sob a dependência de alguém que ele próprio criou. Essa mulher tanto poderia dizer-lhe: "Sim, aceito", como poderia responder: "Não concordo". Em outras palavras, ao depender da resposta de Maria, Deus pôs limites à sua onipotência.

A resposta que Deus esperava foi precedida de uma pergunta por parte de sua criatura: *"Como acontecerá isso, se eu não conheço homem?"*. Tendo ouvido que, dando seu "sim", o Espírito Santo desceria sobre ela e o poder do Altíssimo a cobriria com a sua sombra e, por isso, aquele que nasceria seria chamado santo, Filho de Deus, Maria respondeu: *"Eis aqui a serva do Senhor! Faça-se em mim segundo a tua palavra"*. Diante de seu *"faça-se"*, *"a Palavra se fez carne e veio morar entre nós"* (Jo 1,14). Naquele momento, o Filho de Deus assumiu a nossa natureza humana. Mais tarde, trabalharia com mãos humanas, pensaria e agiria como qualquer ser humano e amaria com um coração humano. "Nascido da Virgem Maria, [Jesus] foi realmente um dos nossos em tudo, exceto no pecado" (Concílio Vaticano II, GS, n. 22).

Contemplando o que Deus realizou em Maria, somos convidados não apenas a admirá-la, o que já seria muito, mas também a estabelecer com ela um relacionamento pessoal, filial. Na Igreja, ela ocupa um lugar especial. Como tomar consciência dessa sua presença e traduzi-la em gestos concretos?

Podemos imitar a atitude que Jesus assumiu em relação a ela, comportando-nos como filhos. Cada filho descobre mil maneiras de se relacionar com sua mãe. Podemos também imitá-la, procurando servir o Senhor. Ou, então, temos condições de aprender com ela a confiar radicalmente em Deus. Dessa imitação nascerá toda uma espiritualidade, fundamentada no que a Bíblia diz a seu respeito. Então, a honraremos na liturgia, a buscaremos nos santuários e a homenagearemos com práticas piedosas. Descobriremos, enfim, que o segredo de Maria é simples: ela buscou sempre a vontade do Pai, deixou-se conduzir pelo Espírito Santo e acolheu Jesus como filho, passando a viver em função dele.

São essas as lições que ela continua ensinando àqueles que, como Jesus, se matriculam em sua escola.

OS LIVROS DA BÍBLIA

"Afinal, quantos livros há na Bíblia? Vejo que a minha tem 73 livros, mas a de um meu amigo tem somente 66... Por que essa diferença?..."

A pergunta, feita por um jovem, serve para nos lembrar de que não há na própria Bíblia um capítulo com um título do tipo: "Lista dos livros divinamente inspirados na Bíblia". Comparando uma Bíblia católica com uma não católica, verificamos que na católica há sete livros que não encontramos nas outras. São eles: Tobias, Judite, 1º Livro dos Macabeus, 2º Livro dos Macabeus, Sabedoria, Eclesiástico (também chamado Sirácida) e Baruc. Nela há também alguns capítulos não encontrados nas outras: Daniel 3,24-90; 13 e 14; Ester 10,4–16,24. A seguir, a razão disso.

Até o primeiro século da Era Cristã, os judeus da Palestina ainda não haviam estabelecido a lista dos livros inspirados. Enquanto isso, em Alexandria, no Egito, uma próspera colônia judaica, ali estabelecida desde o século 4 a.C., falava a língua grega. Por isso, sentiu-se a necessidade de traduzir os livros sagrados do hebraico (língua falada na Palestina) para o grego (língua então falada no Egito). Tal tradução, feita entre os anos 300 a 150 a.C., passou a ser conhecida com o nome de "Versão dos Setenta", porque atribuída a 72 tradutores – ou "Alexandrina", por ter sido realizada em Alexandria.

Quando, entre os anos 80 e 100 da Era Cristã, os judeus da Palestina reunidos em Jâmnia, cidade desse país, decidiram definir o catálogo sagrado (naturalmente, do Antigo Testamento), adotaram alguns critérios, isto é, para ser considerado inspirado, o livro deveria: 1º) ser antigo – quer dizer, não posterior a Esdras (século V a.C.); 2º) ter sido redigido em hebraico, não em aramaico ou grego; 3º) ter sua origem na Palestina, não em terras estrangeiras; 4º) estar em conformidade com a Lei de Moisés.

Assim, deixaram de ser reconhecidos por aqueles judeus sete livros que pertenciam à "Versão dos Setenta", e que são os anteriormente elencados. Os critérios estabelecidos por eles para oficializarem o catálogo sagrado tiveram como base uma mentalidade nacionalista, pois predominava naquele grupo uma aversão aos estrangeiros em geral. Assim, foram eliminados: o Eclesiástico, o 1º e 2º dos Macabeus e o Livro da Sabedoria, por serem posteriores a Esdras (além disso, o Livro da Sabedoria e o 2º dos Macabeus foram escritos em grego e em terras estrangeiras); Tobias e Judite, por terem sido redigidos em aramaico, provavelmente depois de Esdras; Baruc e fragmentos de Daniel, por se encontrarem apenas em recensões não hebraicas.

Desde o final do primeiro século depois de Cristo, portanto, havia dois catálogos bíblicos entre os judeus. Os cristãos católicos adotaram a edição grega dos Setenta (ou Alexandrina), com aqueles sete livros. E qual a razão? É que os apóstolos, escrevendo os Evangelhos e suas cartas, referem-se ao Antigo Testamento não segundo o texto hebraico, adotado pelos judeus da Palestina, mas recorrendo à versão dos Setenta. Das 350 citações do Antigo Testamento que ocorrem no Novo Testamento, 300 são tiradas dessa tradução. Se a edição bíblica dos Setenta (Alexandrina), que incluía os sete livros a que me referi, fosse infiel ou deturpada, os apóstolos não a teriam usado. Por isso, a Igreja Católica está convicta de que foi o Espírito Santo que inspirou também esses sete livros.

São Jerônimo († 420), quando traduziu a Bíblia para o latim (língua usada no Mediterrâneo, com a dominação romana), utilizou-se da versão dos Setenta. Sua tradução passou a ser conhecida com o nome de "Vulgata" (isto é, comum, usual).

Em síntese: como a própria Bíblia não traz dentro de si uma enumeração dos livros inspirados por Deus, sua lista só pode ser conhecida pela tradição. E temos hoje duas tradições: a católica, que reconhece como inspirados os 73 livros da versão dos Setenta (Alexandrina), e a evangélica, que só reconhece como inspirados aqueles da lista dos judeus que ficaram na Palestina. Quanto ao Novo Testamento, não há divergências entre as duas tradições.

FOTOS
DO COTIDIANO

CREIO, MAS NÃO PRATICO

Quando, num encontro de amigos, a conversa gira em torno de assuntos religiosos, é comum alguém declarar, com naturalidade e segurança: "Creio, mas não pratico!". Trata-se de uma afirmação que parece ser tão bem formulada, tão lógica, que, normalmente, ninguém a contesta. Assim, dias depois, em outro grupo, se a discussão for também sobre questões religiosas, é possível que alguém volte a fazer a mesma afirmação.

Mais do que uma afirmação isolada, essa ideia de que se pode acreditar sem colocar em prática aquilo em que se acredita, está tão disseminada que já se tornou uma mentalidade comum em muitos ambientes. A justificativa desse comportamento varia de pessoa para pessoa. Há aquela que deixou de lado a prática religiosa pela decepção com um líder da comunidade; outra, sem perceber, abandonou, pouco a pouco, sua vida de fé: passou tanto tempo sem ler a Palavra de Deus, sem rezar e sem participar da missa dominical que, quando notou, já havia organizado sua vida de tal maneira que não havia mais espaço para expressões religiosas; outras pessoas tinham um conhecimento tão superficial de sua religião que, sem grandes questionamentos, a abandonaram. Há, também, as que procuram o batismo dos filhos, a missa de formatura ou de sétimo dia, a cerimônia religiosa do casamento tão somente como atos sociais.

Afinal, é possível crer sem praticar? Algumas pessoas deixam a prática religiosa com o argumento de que buscam maior autenticidade. Dizem não gostar de normas e ritos: preferem uma religião "mais espiritual", sem estruturas. Esquecem-se de que somos seres humanos, não anjos. Os anjos não precisam de sinais, gestos e palavras para se relacionarem uns com os outros. Nós, ao contrário, usamos até nosso corpo como meio de comunicação. Traduzimos nossos sentimentos com um sorriso ou um aperto de mão, uma palavra ou um tapinha nas costas; fazemos questão de nos reunir com a família nos dias de festa e telefonamos para o amigo, cumprimentando-o no dia de seu aniversário; damos uma rosa para nossa mãe e nos encantamos com o gesto da criança que abre seus braços para acolher o pai que chega. Como, pois, relacionar-nos com Deus tão somente com a linguagem dos anjos, que nem conhecemos?

A fé nos introduz na família dos filhos e filhas de Deus; nela, é essencial a prática do amor a Deus e ao próximo. Nossa família cristã tem uma história, uma rica tradição e belíssimas celebrações. Pode ser que alguém não as entenda. Mas, antes de simplesmente ignorá-las ou, pior, de desprezá-las, não seria mais prudente procurar conhecê-las, penetrar em seu significado e descobrir seus valores? O essencial, já escreveu Saint-Exupèry, é invisível aos nossos olhos.

Não se pode querer uma fé sem gestos, com a desculpa da busca de maior autenticidade. O Pai eterno, quando nos quis demonstrar seu amor, levou em conta nosso jeito de ser, pensar e agir. Mais do que expressar "espiritualmente" seu amor, concretizou-o: enviou-nos seu Filho, que habitou entre nós. Algumas traduções da Bíblia, em vez de apresentarem o ato descrito pelo evangelista João na forma clássica – "e o Verbo se fez carne, e habitou entre nós" (Jo 1,14) –, preferem a expressão: "e armou sua tenda no meio de nós", para acentuar a ideia de que Deus, em Jesus Cristo, passou a morar em uma tenda ao lado da nossa. Em sua primeira carta, São João dá um testemunho concreto dessa experiência de proximidade: "O que era desde o princípio, o que ouvimos, o que vimos com os nossos olhos, o que contemplamos e o que as nossas mãos apalparam da Palavra da Vida (...), isso que vimos e ouvimos, nós vos anunciamos, para que estejais em comunhão conosco" (1Jo 1,1.3). Ele considerou ter sido uma graça especial ter podido ouvir, ver e tocar o Filho de Deus. Jesus, por seu lado, tendo assumido a natureza humana, submeteu-se a ritos: passou noites em oração, foi ao Templo de Jerusalém e frequentou sinagogas.

"Creio, mas não pratico." A fé ("creio") e a vida ("não pratico") não podem estar assim separadas. Por sua própria natureza, devem estar unidas. Uma fé sem obras é morta; obras, mesmo que piedosas, sem fé tornam-se vazias.

DESCOBRI QUE DEUS É AMOR

Por ter, ao longo de meus passos, a responsabilidade e a graça de conhecer ambientes que não são visitados por todos – como, por exemplo, os hospitais e presídios, os asilos e as instituições de caridade –, pensei escrever um livro que teria como título: "O mundo invisível". Dessa maneira, estaria tornando mais conhecidos aqueles ambientes que não fazem parte do cotidiano da maioria das pessoas, mas onde moram e trabalham, lutam e sofrem milhares de irmãos e irmãs nossos.

Deixo, por enquanto, meu propósito de lado, mas registro a necessidade de conhecermos e valorizarmos mais as pessoas que dedicam sua vida aos que sofrem, pessoas que ajudam outras a entenderem que, pelo sofrimento, completam em sua carne o que falta à paixão de Cristo, para usar a bela imagem do apóstolo Paulo (cf. Cl 1,24).

Não deixa de ser um mistério o admirável papel da solidariedade, no processo de salvação. A partir do gesto redentor de Jesus, oferecendo-se como vítima pela salvação da humanidade, o sofrimento humano também passou a ser redentor. A bem da verdade, é preciso lembrar que não é o sofrimento que salva, mas o amor (cf. Os 6,6), pois só esse sentimento pode fazer nascer a vida. O sofrimento possibilita o surgimento de um amor mais profundo e radical, mais desinteressado e generoso. A Paixão de Cristo nos introduz no mistério do amor, vivido em sua forma mais sublime por aquele que disse: *"Ninguém tem maior amor do que quem dá sua vida pelos amigos"* (Jo 15,13). Depois de dizer isso, ele abriu os braços em forma de cruz, comprovando com seu gesto o que ensinara.

O mistério do amor amalgamado pelo sofrimento é experimentado hoje por pessoas que vivem ao nosso lado, das quais muitas vezes pouco sabemos. Para me explicar melhor, apresento o relato de um sacerdote italiano que trabalhou no Oriente, por ocasião de uma guerra. No hospital que costumava visitar havia um grande número de feridos e ele procurava dar-lhes apoio humano e espiritual. Certo dia, quando ministrava o sacramento da Unção dos Enfermos a alguns doentes, encontrou-se com uma senhora, totalmente engessada. "O que lhe aconteceu?", quis saber o sacerdote. "Padre", disse-lhe ela, "domingo passado, de manhã, fui à missa com meu marido e minha filha de dez anos. Depois, na hora do almoço, recebemos a visita de minha mãe, de minha irmã e de minha sogra. De repente, nossa casa foi atingida por um míssil, que destruiu tudo, matando a todos; só eu permaneci viva, e estou aqui, do jeito que o senhor está me vendo...". Ao dizer isso, a mulher chorava, e o sacerdote, mesmo que convivendo diariamente com o sofrimento, não resistiu e começou a chorar também. Quando ela o viu assim, disse-lhe, surpresa: "Mas o senhor é padre...Veio aqui para me encorajar e está chorando?". A resposta dele foi imediata: "Diante de uma tragédia como a sua, até as pedras chorariam!...".

A mulher continuou: "Padre, tendo perdido tudo e vivendo esses dias aqui no hospital, descobri que *Deus é amor!*".

Ao ouvir esse testemunho, o sacerdote lhe falou: "Veja, minha senhora, antes de chegar aqui, passei por outros doentes e me encontrei com inúmeros jovens feridos. Muitos deles estavam revoltados contra Deus e o mundo, tanto que nem aceitaram falar comigo. Faço-lhe, pois, um pedido: reze por eles!".

No dia seguinte, ao encontrar-se com os jovens, o sacerdote percebeu que uma notável mudança havia acontecido, pois muitos, que antes não queriam sequer vê-lo, agora o chamavam para conversar e até se confessar. Ao visitar, depois, a mulher, perguntou-lhe, sorrindo: "O que é que a senhora andou fazendo?...". Ela, com muita simplicidade, lhe respondeu: "Padre, a noite toda esse gesso queimava meu corpo, mas a cada momento eu repetia: 'Por estes jovens, Senhor!'...".

Ao fazer esse oferecimento, ela demonstrou entender por que Jesus Cristo assumiu todos os sofrimentos da humanidade. Mas entendeu também por que estava sendo convidada a participar desse caminho de dor para, por meio dele, propiciar a vida para os que se encontravam fechados em seus próprios mundos. Ela aprendeu, enfim, que vale a pena dar a própria vida para que outros possam fazer idêntica descoberta.

ESTAR DO OUTRO LADO

"*Tudo o que quereis que os homens vos façam, fazei--o vós a eles*" (Mt 7,12). Essa orientação de Jesus, inserida no grande Sermão da Montanha, e conhecida como "regra de ouro do agir", não era novidade para a maioria dos ouvintes de nosso Salvador. Já no livro de Tobias lia-se esse conselho, em forma negativa: "*Guarda-te de jamais fazer a outrem o que não quererias que te fosse feito*" (Tb 4,16). Jesus acrescentou uma observação à sua norma: "*Essa é a lei e os profetas*", deixando claro que no amor ao próximo encontra-se a síntese de seus ensinamentos. Na carta que pelo ano 57 escreveu aos romanos, Paulo insistiu na mesma ideia: "*Aquele que ama o seu próximo cumpriu toda a lei*" (Rm 13,8).

O amor, segundo o ensinamento de Cristo, não é um sentimento vago ou uma simples expressão de afeto: é um doar-se, um agir, um ir ao encontro dos outros, para servi-los. Assim como desejamos ser amados e nos alegramos quando nos fazem o bem, assim deveremos agir, para que também os outros se sintam amados. Não é o caso, pois, de nos colocarmos no lugar dos outros, a fim de ver e sentir o mundo de seu ponto de vista? Sirva-nos de exemplo a iniciativa de uma companhia de aviação brasileira.

Um grupo de funcionários recebeu de presente uma viagem internacional. Na hora da partida, uma desagradável surpresa: o voo estava atrasado. Ninguém, nos balcões da companhia, sabia dar qualquer informação sobre o novo horário de partida. Na hora do embarque, outra surpresa: havia mais passageiros do que lugares. Dentro do avião, um novo problema: vários passageiros precisaram mudar de lugar, porque tinha havido uma falha atribuída ao sistema de reservas. O serviço de bordo foi falho: entre a entrega das refeições e da bebida, passou-se um tempo enorme. A demora no serviço atrasou o início do descanso noturno. Quando chegaram ao destino, novo motivo para irritações: várias malas não haviam chegado. O retorno não foi diferente, a ponto de muitos se perguntarem se tinha valido a pena uma viagem assim. Só então é que tudo foi esclarecido: o que aconteceu havia sido cuidadosamente planejado pela companhia, para que funcionários, pilotos e aeromoças sentissem na pele o drama vivido por muitos passageiros em situações semelhantes. Não tive informação alguma sobre o que aconteceu depois dessa viagem, nem se houve mudanças de comportamento em decorrência dessa experiência, isto é, se o serviço daquela companhia realmente melhorou. O que posso imaginar é que uma lição dessas deve ter sido mais útil que muitas conferências e cursos de treinamento.

    A partir dessa história, surge uma pergunta: E se fizéssemos o mesmo em nossa vida, para descobrir como colocar em prática os ensinamentos de nosso Mestre: *"Tudo o que quereis que os homens vos façam, fazei-o vós a eles"*? Pensando em termos de Igreja, um sacerdote se sentaria num dos bancos da igreja, como fiel, para escutar a homilia de um leigo e imaginar como a sua é escutada; um leigo ficaria no escritório de uma paróquia para atender dezenas de pessoas e saber como se sente o pároco no final do dia; uma religiosa assumiria o papel de uma viúva, precisando, de manhã, arrumar a mesa do café, servi-lo a três crianças, encaminhá-las para a escola... e depois sairia para trabalhar em busca do sustento da família. Na cidade, compradores assumiriam o papel dos vendedores; motoristas de ônibus, o lugar dos passageiros; advogadas fariam o papel de diaristas em casas particulares; políticos passariam a se deslocar em ônibus lotados; pessoas de grandes posses se alimentariam com as chamadas "quentinhas"; professores assistiriam a aulas dadas com suas (velhas) apostilas...

"*Tudo o que quereis que os homens vos façam, fazei-o vós a eles.*" Quanta sabedoria, em tão poucas palavras! Por ser difícil nos colocarmos "do outro lado" é que nascem inúmeras discussões, brigas e problemas. Jesus Cristo, enviado do Pai como Salvador, ensinou-nos que amar é justamente isto: colocar-se no lugar do outro. Por isso, assumiu nossa carne, tornou-se semelhante a nós em tudo, menos no pecado; "*despojou-se*", segundo Paulo, "*assumindo a forma de escravo... humilhou-se, fazendo-se obediente até a morte – e morte de cruz!*" (Fl 2,7-8). Realmente, temos ainda muito que aprender com ele!

A ARTE DE CONVIVER

Conta-se que alguns milênios atrás, quando o gelo cobria grande parte do globo terrestre, muitos animais desapareceram porque não resistiram ao intenso frio. Uma manada de porcos-espinhos, procurando sobreviver, passou a morar em uma caverna. Para se proteger do pesado frio, encostavam-se uns nos outros. Cada um, assim, esquentava-se com o calor dos demais. O tempo foi passando e a manada cresceu. Sendo agora mais numerosos, tinham melhores condições de enfrentar aqueles animais que eram mais ferozes e fortes e dos quais antes fugiam. Cada novo inverno os encontrava mais unidos, mais protegidos e resistentes. De repente, porém, passaram a se esquecer da proteção e do calor que recebiam um dos outros. Começaram a reclamar dos espinhos dos companheiros e das feridas que nasciam pelo fato de viverem tão próximos. Esqueceram-se do rigor do inverno e se separaram.

De início, sentiram uma agradável sensação de liberdade e de alívio: não precisavam mais ter de suportar os dolorosos espinhos dos companheiros. Estavam livres dos sofrimentos! Mas a sensação de liberdade não durou muito: isolados, passaram a morrer congelados. Seu número diminuía continuamente. Alguns sobreviventes perceberam que também morreriam, se não voltassem a se proteger mutuamente. Então, quando começou um novo inverno, dirigiram-se à antiga caverna. Procuraram, novamente, ficar perto dos demais, mas só o suficiente para se esquentar. Lembrados dos espinhos que cada um tinha, evitavam aproximações que pudessem causar novos sofrimentos. Descobriram que a convivência impunha-lhes limitações e dificuldades, mas somente dessa forma tinham condições de sobreviver. Puderam, dessa maneira, atravessar a era glacial, enquanto outras espécies de animais desapareceram, por causa do frio.

Viver é conviver. Temos o dom de nos acostumar com os nossos próprios defeitos e manias. Julgamos até que eles são verdadeiras virtudes – daí nossa reação, interna ou externa, quando alguém ousa nos criticar. Achamos que os outros, sim, é que têm comportamentos insuportáveis: são chatos, desagradáveis e não percebem os aborrecimentos que nos causam. Por que não mudam de comportamento? Por que não se esforçam para serem melhores? Por que temos de suportá-los?

Se tivéssemos coragem de promover uma grande reunião com todas as pessoas que convivem conosco e lhes pedíssemos que apontassem nossos defeitos, talvez a reunião terminasse de maneira trágica: riscaríamos esses amigos e conhecidos de nossa agenda. "Afinal, onde já se viu dizer aquilo tudo de mim? E eu que pensava que fossem meus amigos!..."

Quem somos? O que pensamos ser ou o que os outros pensam de nós? Somos o que pensamos ser, somos o que os outros pensam de nós, mas somos, acima de tudo, o que Deus pensa de nós. Só ele tem uma visão global a nosso respeito. É o único que nunca se decepciona conosco. Pois a decepção tem como origem determinada expectativa não realizada. Ora, ele sabe que somos pó, frágeis e fracos. Nós é que nos julgamos muito sábios e santos. Os outros talvez reajam contra nós porque sentem nossos "espinhos". (Na verdade, para um porco-espinho, os próprios espinhos não incomodam; desagradáveis são os dos companheiros...)

Viver é conviver. É mais do que isso: é crescer nos relacionamentos. E cresceremos se nossos relacionamentos forem marcados pelo amor. O amor cristão (*"Amai-vos uns aos outros como eu vos amei"*, disse Jesus Cristo) não se fundamenta nas virtudes dos outros, em sua bondade, delicadeza ou simpatia. A fonte desse amor é a gratuidade. Somos chamados a amar o próximo, não porque ele seja bom; devemos amá-lo para que se torne bom e, acima de tudo, porque é a imagem e semelhança de Deus. Talvez, em algumas pessoas, essa imagem não esteja muito nítida; poderá, até, estar deformada e feia. Não nos cabe julgar as razões disso e muito menos temos direito de condená-las. Amar é olhar cada pessoa com o olhar de Jesus Cristo, um olhar que é marcado pela misericórdia e pelo perdão, pelo carinho e pela capacidade de fazer nosso o sofrimento do outro.

AUTORIDADE E SERVIÇO

Visitando, certa vez, uma obra social, encontrei-me com um grupo de crianças de quatro a cinco anos, com as quais conversei, antes de abençoá-las. De repente, para minha surpresa, um dos garotos levantou a mão, ficando claro que desejava fazer-me uma pergunta. Ao me dirigir a ele, ouvi: "É o senhor que manda aqui?...". Curioso: aquela criança estava dando apenas os primeiros passos e – por influência de quem? – já se interessava pela questão do poder, mesmo sem saber o que isso significava...

Em qualquer dicionário, encontramos a clássica definição de "autoridade": direito ou poder de se fazer obedecer, de dar ordens, de tomar decisões, de agir etc. Para a maioria das pessoas, a palavra autoridade tem relação direta com a palavra "poder". Não foi por acaso que uma das tentações de Jesus no deserto, depois de quarenta dias de oração e jejum, foi envolvida pela demonstração de se fazer obedecer, de dar ordens, de tomar decisões: "*Se és o Filho de Deus, lança-te abaixo...*" (Mt 4,6). Hoje, em busca do poder, valores são desprezados, laços familiares são rompidos e antigas amizades são desfeitas. Quem milita no campo político sabe como é grande e constante a tentação do poder.

No outro lado da moeda chamada poder está a vaidade. Com frequência, pessoas revestidas de autoridade passam a se julgar mais importantes que as outras, a partir do seguinte raciocínio: "Se consegui este cargo, é porque sou melhor e mais preparado que os demais". O vaidoso facilmente se esquece dos caminhos que percorreu para chegar ao poder, caminho esse feito, por vezes, de mentira e injustiças, de traições e dinheiro. Há também a experiência curiosa de pessoas que exerceram o poder por determinado tempo e que, ao deixá-lo, descobriram, decepcionadas, que os "amigos" sumiram, os tapinhas nas costas desapareceram e os elogios cessaram. Sua vaidade não lhes permitiu perceber que, enquanto exerciam o poder, estiveram o tempo todo cercadas de bajuladores – e o bajulador é sempre um interesseiro.

A sede de poder não é um problema atual, mas parte integrante da estrutura humana corrompida pelo pecado. Por isso mesmo, atento ao comportamento dos apóstolos, Jesus procurou educá-los nesse ponto. Durante a refeição de despedida, levantou-se, *"tirou o manto, pegou uma toalha e amarrou-a à cintura. Derramou água numa bacia, pôs-se a lavar os pés dos discípulos e os enxugou com a toalha que trazia à cintura"* (Jo 13,4-5). Os apóstolos entenderam aquele gesto de humildade. Para Pedro, isso ia profundamente contra a ideia que tinha do Messias. Era, pois, o momento adequado para Jesus abrir a mente dos apóstolos: *"Entendeis o que vos fiz? Vós me chamais de Mestre e Senhor; e dizeis bem, porque sou. Se eu, o Senhor e Mestre, vos lavei os pés, também vós deveis lavar os pés uns aos outros"* (Jo 13,13-14).

A proposta de Jesus em relação ao poder é verdadeiramente revolucionária: não o aceita como um domínio sobre o outro, como está escrito nos dicionários ("direito ou poder de se fazer obedecer, de dar ordens, de tomar decisões"), mas o prescreve como um serviço: *"Dei-vos o exemplo, para que façais assim como eu fiz para vós"* (Jo 13,15).

Quando revestido de poder, Salomão demonstrou entender o sentido da autoridade que estava recebendo. Foi-lhe dito que poderia pedir ao Senhor o que desejasse, que lhe seria dado. Embora jovem e inexperiente, não pediu uma longa vida, nem riquezas, nem a morte de seus inimigos, mas "um coração sábio", capaz de julgar bem o povo e de discernir entre o bem e o mal (cf. 1Rs 3,5-11). Seu pedido agradou tanto o Senhor, que recebeu a sabedoria que pedira e, por acréscimo, riquezas e glória.

Para quem é chamado a exercer um cargo, fica a sugestão: reze frequentemente a "Oração de Salomão" (Sabedoria 9): *"Dai-me, Senhor, a sabedoria que partilha do vosso trono..."*. Em seguida, leia a passagem do lava-pés (Jo 13,1-20). Então o Senhor, de quem provém toda autoridade, lhe dará a sabedoria pedida e repetirá: *"O servo não é maior do que seu senhor"* (Jo 13,16).

A VIA-SACRA DE HOJE

Um rápido olhar sobre o nosso mundo leva-nos à conclusão de que os homens e as mulheres de nosso tempo percorrem uma grande via-sacra, com muito mais estações do que as tradicionais. A via-sacra clássica, você conhece: tem 14 estações, que reproduzem e atualizam alguns momentos significativos da Paixão de Cristo, desde sua condenação à morte até seu sepultamento. Em nosso tempo, o sofrimento está por toda a parte: na África, com seus milhões de refugiados; na Europa, com seus imigrantes vivendo em permanente insegurança; na China, onde a população não tem liberdade; no Nordeste brasileiro, que periodicamente sofre as consequências da seca etc. Se, percorrendo uma rua de nossa cidade – qualquer rua –, batermos de porta em porta, o que constataremos? Que muitas de nossas casas são também estações da via-sacra. Mesmo entre os nossos conhecidos, quem não tem alguma história para contar, marcada pela cruz ou pela decepção? Basta perguntar a alguma pessoa se tem algum problema, e logo seremos obrigados a ouvir uma longa e dolorosa história.

O que a fé nos diz a esse respeito? Na Bíblia não há grandes explicações sobre o sofrimento. Há, sim, uma série de pessoas que são atingidas por ele e que dão sua resposta concreta. Nem Jesus discorreu sobre o sentido da dor. Mas agiu, quando se deparou com alguém atingido por ela: curou cegos e aleijados; falou a respeito do bom samaritano que socorreu um ferido à beira da estrada e, também, sobre a necessidade de tomarmos cada dia a própria cruz; restituiu a alegria a uma viúva que chorava a perda do filho; deu esperança a uma pecadora a quem queriam apedrejar; convidou os aflitos a procurá-lo e prometeu aliviar a dor dos que lhe entregassem seus problemas.

Por que a humanidade sofre? Eis a resposta à luz da fé: a humanidade sofre porque não coloca nas mãos do Senhor suas dores e, também, porque não aprende a reparti-la com ele. Alguém poderia perguntar-me: Mas, fazendo isso, os sofrimentos desaparecerão? E a fome? E as injustiças?

Muitas vezes imaginamos e desejamos um Senhor que esteja a nosso serviço e que se adapte a nossos gostos. O que Jesus Cristo nos propõe é diferente: ele quer que entremos em seu coração para que aprendamos a ser como ele é. Ele foi tudo para todos. Passou a vida repartindo: repartiu sua filiação divina, dando-nos a possibilidade de sermos filhos de seu Pai, partilhou conosco seus segredos, dividiu com os homens o seu jeito de rezar e de ver as pessoas, sua alegria e seus dons e, como síntese desse seu jeito de ser e agir, deixou-nos sua presença na Eucaristia.

Voltemos a percorrer as estações da via-sacra. Há os que, diante do sofrimento, se consolam: "É vontade de Deus!". Que imagem de Deus tais pessoas trazem no coração! Poderia agradar a Deus o sofrimento de seus filhos? Não! Nós é que nos refugiamos em desculpas para continuar instalados em nosso egoísmo e apegados aos nossos bens, aos nossos títulos, ao nosso conforto e às nossas ideias. Já imaginou o mundo que surgiria se um dia, todos, ao acordarem pela manhã, tomassem a decisão de repartir seus talentos, seu tempo, seu amor e seu dinheiro? Se todos perdoassem de coração a quem os ofendeu? Quanta paz surgiria repentinamente! Se estivéssemos atentos aos necessitados, quantos gestos de amor se multiplicariam! Se praticássemos a justiça em nossa empresa, quantas pessoas seriam beneficiadas! Se... se...

Não, Deus não quer o sofrimento. As estações da via-sacra não são obras dele, mas nossas. Se eliminássemos do mundo o sofrimento causado pelo coração humano – um coração tantas vezes cheio de ódio, ganância, sensualidade, apego ao poder etc. –, o que sobraria? Sobraria aquilo que é do Senhor: a alegria, a paz, a bondade, o perdão, a fidelidade etc. Por isso, se colocarmos em prática seus ensinamentos, o mundo se transformará numa imensa mesa, em torno da qual todos se sentarão. Haverá pão para todos, haverá mãos unidas, haverá sorriso nos lábios. Esse é o mundo desejado por Deus. Assim é o seu Reino. Nisso se resume o sonho que tem para nós, seus filhos. Por que será que nos custa tanto aceitar o Evangelho e entrar nesse Reino?...

A CULPA DO DESTINO

1º quadro: No velório do jovem que morreu em um acidente de moto, sucederam-se várias visitas. No rosto de todos estavam estampadas a incredulidade, a surpresa e a dolorosa pergunta: "Por quê?". Ao lado do corpo do filho, os pais, desconsolados, recebiam a solidariedade de parentes e amigos. A presença silenciosa e o abraço emocionado eram os gestos mais expressivos desse sentimento. Não faltou, contudo, a quase sempre desastrada tentativa do consolo verbal. Dessa vez, partiu de uma vizinha loquaz: "O que fazer, não? Era o destino dele!".

2º quadro: Todos os esforços feitos pelos familiares e amigos para manter o casal unido resultavam inúteis. Cada um dos esposos estava convicto de ter a verdade a seu lado. Como, então, um dos dois poderia ceder? "Se ele aceitasse as condições que eu impus, até que concordaria em continuarmos juntos", pensava ela. "Se ela deixasse de ser tão teimosa e mudasse sua maneira de ser, eu continuaria em casa", pensava ele. Ninguém cedeu e a separação foi inevitável. Espalhada a notícia, logo alguém observou: "O destino quis que eles se separassem!".

3º quadro: Comentando sua reprovação no vestibular, o jovem não admitiu ter estudado pouco, antes, desculpou-se: "O destino não quis que eu passasse!".

Afinal, o que é o destino? No dicionário, lemos: "Sucessão de fatos que podem ou não ocorrer, e que constituem a vida do homem, considerados como resultantes de causas independentes de sua vontade". Existe mesmo essa força cega, inexorável e cruel que determina acontecimentos e espalha decepções? Será a vida um jogo de cartas marcadas, que transforma as pessoas em marionetes? Tem o homem algum poder sobre sua vida e sua história, ou deve simplesmente cruzar os braços, uma vez que não consegue transformar os acontecimentos?

O destino não existe! Se existisse, não haveria liberdade. Sem liberdade, não haveria culpabilidade e nada mais seríamos senão instrumentos nas mãos de uma força incontrolável. Precisamos reconhecer, sim, que há situações que condicionam o ser humano, diminuindo sua liberdade. É preciso superá-las, para que se consiga dirigir a vida e mudar o rumo dos acontecimentos. Há, por exemplo, forças físicas (pensemos nos terremotos) ou econômicas ("o mercado") que podem dar origem à dor, ao desespero, à fome e à miséria. Além disso, é preciso levar em conta a capacidade que temos de fazer escolhas erradas ou, mesmo, de espalhar o mal a nosso redor. Se não, vejamos:

• A criança, que se queimou porque brincava com a caixa de fósforos que estava ao alcance de suas mãos, não se acidentou porque esse era o seu destino. Um adulto é que, descuidado, deixou aquela caixa em um lugar que lhe era acessível.

• O casal, atropelado em frente da casa por um motorista que corria a 120 quilômetros por hora, não morreu porque seu destino estava marcado para aquele dia e hora. O motorista é que foi imprudente e o responsável pelo acidente.

- Os jovens que foram assassinados por um ex-combatente de guerra, enquanto conversavam em uma lanchonete, não estavam destinados a morrer naquelas circunstâncias. O soldado é que se encontrava totalmente desequilibrado.

- E o que dizer de milhões de pessoas que morrem diariamente de fome, ao mesmo tempo que recursos cada vez maiores são destinados à fabricação de armamentos ou a obras inúteis? Culpa de um destino cego ou da falta de bom senso de autoridades constituídas?

Os exemplos poderiam ser multiplicados. Todos, no entanto, mostram a necessidade de valorizarmos mais o poder de nossas decisões e atos. Está na hora de assumirmos a responsabilidade por aquilo que nos compete. Colhemos o que plantamos. Se semeamos egoísmo, imprudência e maldade, os frutos que seremos obrigados a colher serão consequência de tais sementes.

Nem sempre é fácil espalhar amor, bondade e dedicação. São gestos assim, contudo, que dignificam a vida do ser humano, fazendo nascer a alegria, a paz e a fraternidade. Os sábios assumem a direção da própria vida. Os acomodados apenas multiplicam reclamações, desculpam-se e põem a culpa de tudo no destino.

O PROBLEMA DO MAL

"Você acredita em Deus?" Com essa pergunta, a jornalista terminava uma longa entrevista com um conhecido esportista nacional. A resposta que ele deu chamou minha atenção, porque expressa o que muita gente pensa a respeito do problema do mal. O drama e a angústia do esportista são os mesmos de inúmeras pessoas, em situações, épocas e lugares diferentes: "É difícil dizer que acredito em Deus. Quanto mais desgraças vejo na vida, menos acredito em Deus. É uma confusão na minha cabeça; não encontro explicação para o que acontece. Por que meu filho nasceu em berço de ouro, enquanto outro, infeliz, nasceu para sofrer, morrer de doença? E há tudo isso de triste que a gente vê na vida. É uma coisa que não entendo e, como não tenho explicação, é difícil de acreditar em um Ser superior".

O mal, o sofrimento e a doença fazem parte de nosso cotidiano. As injustiças, a fome e a dor são tão frequentes em nosso mundo que parecem ser normais e obrigatórias. Se fôssemos colocar em uma biblioteca todos os livros já escritos para tentar explicar o porquê dessa realidade, ficaríamos surpresos com a quantidade existente.

Para o cristão, o mal existe porque o homem tem a liberdade de escolher os seus próprios caminhos. Fomos criados livres, com a possibilidade de fazermos nossas escolhas. Podemos, pois, fazer tanto o bem quanto o mal. Se não tivéssemos inteligência e vontade, não existiria o mal no mundo; se fôssemos meros robôs, também não. Por outro lado, sem liberdade não haveria o bem e nem saberíamos o que é um gesto de amor. Também não conheceríamos o sentido de palavras como gratidão, amizade, solidariedade e lealdade.

O mal nasce do abuso no emprego da liberdade ou da falta de amor. Nem sempre ele é feito consciente ou voluntariamente. Quanto sofrimento acontece por imprudência! Poderíamos recordar os motoristas que abusam da velocidade ou que dirigem embriagados e acabam mutilando e matando pessoas inocentes. Não é da vontade de Deus que isso aconteça. Mas ele não vai corrigir cada um de nossos erros e descuidos. Não impedirá, por exemplo, que o gás que ficou ligado na casa fechada asfixie o idoso que ali dorme. Repito: Deus não intervém a todo momento para modificar as leis da natureza ou para corrigir os erros humanos.

O que mais nos angustia, talvez pela gravidade das consequências, é o mal causado pela violência, pelo ódio e pelo egoísmo. Os assassinatos e roubos, os sequestros e acidentes, as guerras e destruições são como que pegadas da passagem do homem pelo mundo. O mal acontece porque empregamos de forma errada nossa liberdade ou não aceitamos o plano de Deus, expresso nos mandamentos. Quando nos deixamos levar pelo egoísmo e buscamos apenas nossos próprios interesses, construímos o nosso mundo, não o mundo desejado por Deus para nós.

Outro imenso campo de sofrimento é o das injustiças. Quantos se aproveitam da posição que ocupam e do poder que têm para se enriquecer sempre mais, à custa da miséria dos fracos e do sofrimento dos indefesos! Terrível poder o nosso: podemos fechar-nos em nosso próprio mundo e contemplar, indiferentes, a desgraça dos outros.

Não se pode, também, esquecer o mal causado à natureza, quando suas leis não são respeitadas. Com muita propriedade, o povo diz: "Deus perdoa sempre; o homem, nem sempre; a natureza, nunca!". A devastação das florestas e a contaminação das águas trazem consequências inevitáveis, permanentes e dolorosas para a vida da humanidade. Culpa de Deus?...

Diante do mal, não podemos ter uma atitude de mera resignação. Cristo nos ensina a lutar, combatendo o mal em suas causas. O bom uso da liberdade e a prática do bem nos ajudarão a construir o mundo que o Pai sonhou para nós. Descobriremos, então, que somos muito mais responsáveis por nossos atos do que imaginamos. Fugir dessa responsabilidade, procurando fora de nós a culpa de nossos erros, é uma atitude cômoda, ineficiente e incoerente. Assumirmos a própria história, colocando nossas capacidades a serviço dos outros, é uma tarefa exigente, sim, mas que nos dignifica e nos realiza como seres humanos e filhos de Deus.

EM BUSCA DE UMA SOCIEDADE SADIA

Em meados da década de 1970, o Cardeal Suenens, da Bélgica, um homem que tinha a visão dos sábios e a lucidez dos profetas, proferiu, em Roma, uma conferência que ficou famosa. Apresentou aos ouvintes os caminhos que o mundo tomaria nas décadas seguintes. Para quem não é daquele tempo, recordo que o comunismo estava em seu apogeu: não só dominava dezenas de países, como era uma ameaça para muitas nações. Surpreendentemente, o cardeal belga falou que o grande problema do futuro não seria o comunismo, mas o relativismo.

Explicou que o comunismo não deixaria de ser um desafio para a humanidade, mesmo porque o materialismo por ele defendido exclui radicalmente a presença e a ação de Deus no mundo e no homem. Em si mesmo e em seu programa, é um sistema ateu. Segundo Suenens, o comunismo estava, porém, com os dias contados; a médio prazo, deixaria de ser uma ameaça para o mundo. Iria impor-se, porém, o relativismo – também chamado de subjetivismo –, isto é, a doutrina filosófica que ensina ser a verdade relativa, pois depende do ponto de vista de cada pessoa: aquilo que é verdade para mim, portanto, pode não ser verdade para outra pessoa. Ora, não havendo verdade objetiva, não há valores permanentes. Cada pessoa é que determina o que tem valor, o que é bom, o que é verdadeiro.

Como exemplo prático a respeito do relativismo, tomo a pornografia. Os que a defendem, dizem ser ela uma expressão da arte e da liberdade. Para esses, o corpo humano é, acima de tudo, um objeto de prazer. O resultado dessa mentalidade aí está: a insensibilidade progressiva das pessoas, diante da dignidade do corpo e do próprio ser humano.

Os que estão mais expostos ao bombardeiro pornográfico são, sem dúvida, as crianças e os jovens. Eles ainda não têm a devida capacidade de discernimento nem um suficiente espírito crítico que lhes deem condições de avaliar o que há de pernicioso no que lhes é sugerido ver, ouvir ou comprar. Os pais ficam se perguntando que atitude devem tomar: Convém multiplicar proibições? Ficarem indiferentes? Orientarem? Pais e formadores sentem-se inferiorizados nessa luta contra forças bem articuladas, movidas pelos interesses econômicos da lucrativa indústria pornográfica.

Em resposta a isso, é necessário que os pais assumam a responsabilidade de serem os primeiros educadores de seus filhos. Se não incutirem nas crianças e nos jovens valores pelos quais valha a pena viver e lutar, quem o fará? Qualquer outra instância da sociedade – Igreja, incluída – poderá ajudá-los, mas jamais conseguirá substituí-los. O diálogo, o esclarecimento e a orientação certa e na hora exata continuam sendo o melhor caminho para garantir a formação da personalidade dos filhos. Se os pais não se anteciparem nesse processo, seu silêncio e omissão serão preenchidos por aqueles que, em função do lucro, procurarão fazer a cabeça das novas gerações.

A visão cristã do corpo humano fundamenta-se em uma certeza: fomos criados à imagem e semelhança de Deus. Nosso corpo não foi feito para ser instrumento de pecado, mas para participar do louvor que todas as criaturas devem prestar ao Criador. Nossa vocação tem raízes nesta terra, mas atingirá sua máxima realização na eternidade. Nossa eternidade, porém, dependerá inclusive do uso que fizermos de nosso corpo. Desde que Jesus Cristo assumiu nossa natureza e, tendo um corpo, "*trabalhou com mãos humanas, pensou com inteligência humana, agiu com vontade humana e amou com coração humano*" (Vaticano II, GS, n. 22), o corpo humano passou a ter uma dignidade incomparável. Quem compreendeu isso muito bem foi o apóstolo Paulo, que perguntou aos cristãos de Corinto: "*Não sabeis que vossos corpos são membros de Cristo?... Glorificai a Deus em vosso corpo!*" (1Cor 6,15.20).

É missão de todos nós trabalhar para que nossa sociedade seja sadia, inspirada no bem comum e orientada para o desenvolvimento integral do ser humano. Cabe-nos insistir, quer agradamos ou não, que o ser humano é mais importante do que o lucro, que o respeito mútuo é o fundamento da convivência e que uma sociedade que não sabe preservar valores fundamentais está ameaçada de extinção.

UMA ESMOLINHA, POR AMOR DE DEUS!

Seu rosto era um espelho diferente, já que refletia todos os tempos: o passado tinha gravado nele sulcos profundos, denunciadores de dias difíceis e de sofrimento intenso; o futuro era antecipado pela insegurança e pelo medo, estampados em seu olhar; o presente estava sintetizado no movimento de seus lábios, a pedir: "Uma esmolinha, por amor de Deus!".

Uma esmolinha! Qual seria a história dessa mulher, quase só pele e ossos, envelhecida tão precocemente? Seria possível reconstituir sua infância? Que sonhos teriam povoado sua juventude? Que histórias teria para nos contar? Depois de tudo o que passou, enfrentou e viveu, o que pensa da vida? O que espera da sociedade?

Não seria possível, agora, fazer-lhe muitas perguntas. O problema que enfrentava era marcado pela urgência; melhor, pela sobrevivência. Não tinha tempo nem condições para considerações sociológicas, filosóficas ou metafísicas. O máximo que poderia fazer seria recordar as repostas que seu pedido tivera ao longo do dia. Não conseguiria, contudo, adivinhar o que não lhe foi dito, mas expresso nos olhares de piedade, indiferença ou repulsa.

Diante de sua pobreza, cada qual se definiu, mesmo que só em pensamento: "Eu não ajudo quem pede esmola", "Aí está o resultado de uma sociedade estruturada sobre a injustiça", "Onde está o dinheiro de nossos impostos?", "Por que o Governo não faz nada por pessoas assim?", "Meu Deus, que semblante sofrido!", "O que será que posso fazer?" etc.

Conseguimos resgatar espaçonaves perdidas no espaço, obter progressos consideráveis nas pesquisas contra o câncer e desenvolver tipos de sementes adaptadas às condições climáticas de cada região. Novos Lázaros continuam, porém, percorrendo nossas estradas, estendendo suas mãos para matar a fome com o que cai de nossas mesas (cf. Lc 16,19-31).

O que fazemos pelos pobres? Houve épocas que foram dominadas por obras assistenciais. Tratava-se de "dar o peixe" aos necessitados, mesmo porque a fome exige respostas rápidas. Depois, surgiram iniciativas visando à promoção humana; o importante, dizia-se, é "ensinar a pescar", para evitar a eterna dependência. Descobrimos, porém, que isso já não basta. É toda uma renovação das estruturas de nossa sociedade que se torna necessária, para que o processo de empobrecimento seja interrompido e deixe de fabricar novos miseráveis. Enquanto isso, conforme o caso concreto que nos desafia, esta ou aquela atitude poderá ser a mais oportuna.

São muitos os pobres e necessitados que nos cercam. Há pobres no campo financeiro: famintos, sem casa ou sem saúde, desempregados, sem meios para viver com dignidade. Há pobres no campo social: marginalizados por inúmeras razões, migrantes, analfabetos. Há pobres na consistência de sua vida física ou moral: deficientes físicos, alcoólatras, drogados, prostitutas, debilitados psiquicamente. Há pobres de amor: idosos desprezados, crianças abandonadas, prisioneiros, famílias desfeitas ou desagregadas. Há pobres de valores autênticos: escravos do prazer, do dinheiro, do poder.

A mão que se estende em nossa direção é um grito de alerta: alguém, em algum lugar, precisa de nossa ajuda material e de nosso tempo, de nossa dedicação e de nosso amor. Podemos nos omitir, refugiando-nos em desculpas, ou, então, nos unirmos a todos os que se inquietam com os olhares que atravessam o tempo e as distâncias para nos pedir: "Uma esmolinha, por amor de Deus!".

Em cada cidade, região ou Estado, há inúmeras iniciativas em favor de crianças pobres, de mães grávidas abandonadas pelos maridos, de adolescentes que muito cedo são motivo de preocupação, ou de idosos sem família e sem amor. Interessar-se por essas iniciativas ou, inclusive, oferecer-se como voluntário poderá ser o primeiro passo para a descoberta de novas respostas para os problemas sociais que nos desafiam.

Descobriremos, então, que somos ricos de esperança porque alguém, um dia, estendeu sua mão em nossa direção, levantou-nos e nos acolheu como irmãos, dando-nos dignidade e razões para viver. Não será essa uma indicação para fazermos o mesmo?

APRENDER COM O BAMBU

Há parábolas – narrativas alegóricas que transmitem uma mensagem indireta, por meio de comparações ou analogias – que nos ensinam mais do que muitos textos de artigos. Os orientais sabem disso, tanto é que essa forma de comunicação faz parte de sua cultura. Tal é a força das parábolas, que Jesus as usou ao longo de sua pregação. A parábola a seguir não é do Evangelho, mas da tradição oriental. Apresento-a com minhas próprias palavras, para transmitir uma mensagem que, acredito, todos entenderão.

"Era uma vez um maravilhoso jardim, situado no centro de um grande campo. Seu dono costumava passear por ele à noite, ao clarão do luar. Nesses passeios, o que mais gostava de ver era um grande bambuzal. Não havia nada de mais belo do que ele: alto, delicado, balançando-se de um lado para o outro... Ele crescia e se tornava cada vez mais bonito, sob o olhar admirado de seu senhor. Aliás, aquela imensa planta era o centro de atenção de todos os que visitavam o jardim.

Um dia, o dono, pensativo, aproximou-se dele e, num gesto de profunda veneração, o bambu mais alto inclinou sua cabeça imponente... Seu senhor lhe disse:

– Caro bambu, hoje eu preciso de você....

E o bambu respondeu imediatamente:

– Meu senhor, estou pronto! Pode fazer de mim o que quiser!

– Caro bambu – a voz do senhor era grave –, só poderei usá-lo se o cortar...

O bambu protestou:

– Cortar?... A mim? Por favor, não faça isso! Deixe que eu embeleze seu jardim. O senhor sabe como todos me admiram!...

– Meu caro bambu – a voz do senhor tornou-se ainda mais grave –, não me importa que o admirem ou não... Se não cortá-lo, não poderei usá-lo...

No jardim, tudo ficou silencioso. Até o vento segurou a respiração. Finalmente, o lindo bambu inclinou-se e sussurrou:

– Senhor, se não puder usar-me sem me cortar... então, faça comigo o que quiser!...

– Meu querido bambu – tornou o senhor –, devo também cortar suas folhas!...

E o bambu lhe respondeu:

– Mas, se o senhor me ama, preserve-me de tal desgraça! Isso poderia destruir minha beleza... Por favor, deixe as minhas folhas!...

– Na verdade, não poderei usá-lo se não tirar suas folhas...

A lua e as estrelas, confusas, esconderam-se atrás das nuvens... Algumas borboletas que por ali brincavam, afastaram-se assustadas... O bambu, trêmulo, disse com voz fraca:

– Senhor, tire-as...!

Mas o senhor voltou a falar:

– Ainda não basta, meu querido bambu. Devo cortá-lo ao meio e tirar seu interior... Se não fizer isso, não poderei usá-lo...

– Por favor, senhor – disse-lhe o bambu –, assim não mais viverei!... Como irei viver sem o que está dentro de mim?...

– Devo tirar o que está no seu interior, caso contrário, não poderei usá-lo.

Então, o bambu inclinou-se até o chão e lhe disse:

– Senhor, corte-me e divida-me, se assim o quiser...

O dono do jardim cortou o bambu, desfolhou-o, decepou seus galhos e o partiu em duas partes. Tirou o que estava no seu interior e prendeu as duas partes uma à outra. Depois, pegou-o e colocou uma ponta junto a uma fonte, de onde brotava água fresca, e a outra ponta pousou num campo ressequido, onde nunca conseguira plantar nada. A água da fonte começou a correr pelo bambu, indo em direção da terra seca... Feito isso, o senhor aí plantou trigo, arroz e milho. Plantou também rosas, cravos e flores das mais variadas espécies e cores...

Passadas algumas semanas, as sementes brotaram, as plantas cresceram e chegou o tempo da colheita – uma colheita muito abundante, como nunca se vira naquele lugar. Assim o bambu, no seu aniquilamento e humildade, transformou-se em uma grande bênção para todas as pessoas daquela região. Quando era belo e crescia somente para si, alegrava-se com sua própria beleza. Agora, despojado de tudo, tornara-se um canal do qual seu dono se serviu para tornar fecundas suas terras secas..."

Com uma simples frase, Jesus Cristo disse o que a parábola acima procura nos ensinar: *"Em verdade, em verdade vos digo: se o grão de trigo caído na terra não morrer, ficará só; se morrer, produzirá muito fruto"* (Jo 12,24).

MEU CLUBE, MINHA VIDA

Domingo à tarde, Estádio da Fonte Nova. Mas o jogo poderia ser também no Maracanã ou no Morumbi. É dia de jogo – melhor: de clássico. Jogos desse nível se repetem todos os domingos, pelo Brasil afora. Nas arquibancadas, milhares de pessoas, divididas em dois grupos, vibram, gritam e pulam. De sábado para domingo, os torcedores tiveram um sono agitado. Dormiram (os que conseguiram!) pensando no jogo. Haviam passado a semana toda discutindo, lendo e fazendo prognósticos sobre esse clássico. Para chegar ao estádio mais cedo, almoçaram correndo e, de ônibus ou de carro, passaram horas trancados num trânsito congestionado. Quem não havia comprado ingresso antes, enfrentou uma fila enorme para fazê-lo. A passagem pelos portões de entrada não foi fácil – mas quem estava preocupado com isso? Foi preciso esperar um bom tempo para o jogo começar. Quem se importava com o calor? Nessa espera, cada grupo já antegozava a alegria da vitória. Aliás, todos esperavam sair dali vitoriosos. Nem seria problema, então, enfrentar um novo congestionamento para chegar em casa. A segunda-feira seria bem mais agradável, as conversas mais animadas e até as dívidas ficariam momentaneamente esquecidas.

Mas o jogo acabou, seu time perdeu e a tristeza invadiu o seu coração. E agora, José? Ou, então, o jogo acabou, seu time ganhou e a alegria reinou. Até quando, José?

Seu time perdeu: continua a esperança de levantar o próximo campeonato (nem que leve quinze ou vinte anos!), ou, ao menos, de vencer a partida do domingo seguinte – o que já é alguma coisa. Mas convenhamos: é uma esperança frágil. Tão frágil e insegura como um prédio construído sobre areia.

Seu time venceu e se tornou campeão: não haverá, contudo, muito tempo para viver os momentos de euforia. No domingo seguinte terá início outro campeonato, seu time jogará de novo e poderá ser derrotado. Tudo começará novamente (até quando?), porque não há vitória definitiva de time algum. Por mais importante que seja o título ganhado, haverá sempre o jogo seguinte. E, com ele, a possibilidade de uma derrota.

E então? O futebol não tem sentido? É prejudicial ter simpatia por um clube? Ter simpatia não é negativo. O que não tem sentido é buscar no futebol uma segurança que ele não pode oferecer. Não é só no futebol que se procura o que se poderia traduzir como "a grande felicidade". Mas não será ele um exemplo clássico do que acontece em sua vida?

Você busca a realização, a segurança e a paz em realidades que não têm condições de satisfazê-lo plenamente. Daí seu vazio, sua tristeza e suas esperanças medíocres. Medíocres porque, quando concretizadas, elas mesmas estão marcadas pela insatisfação: você sabe que amanhã ou na próxima semana começará tudo de novo (até quando?).

O futebol, ou qualquer outra realidade do seu dia a dia, quando visto de acordo com o que pode realmente proporcionar, tem condições de distraí-lo, de dar um novo ânimo a sua vida e até de ser fonte de novas e ricas amizades. Agora, uma alegria sem altos e baixos, uma paz que ninguém lhe poderá tirar e uma esperança que não deixa em você o sabor da instabilidade, só poderão ser dadas por quem as tem. Segundo o apóstolo Paulo, essa esperança tem um nome e um rosto: Jesus Cristo. Quando você o encontrar, e quanto mais o encontrar, maior será sua paz, sua segurança e alegria (Experimente, José!).

P.S.: Para que não me chamem de pessimista, ou de ser contra o futebol, adianto-lhes que nasci e cresci em uma família que "respirava" futebol. Meu pai havia sido jogador do time de minha cidade e tornou-se presidente da liga desportiva local, meus irmãos se tornaram advogados esportivos e, depois, juízes de tribunais esportivos. Um deles, inclusive, foi auditor do Superior Tribunal de Justiça Desportiva (STJD), que funciona junto à CBF, e autor de vários livros sobre o tema. Eu mesmo, nos tempos de seminário, fui jogador (ponta-direita), com lugar garantido no time de minha série, pois éramos somente 11. Sou torcedor de um só time (espero que guardem segredo: do Flamengo!). Feitas essas observações, penso que poderão ler novamente o texto anterior, mas agora com outros olhos...

EM DEFESA DA VIDA

Ao assumir a natureza humana, o Filho de Deus uniu-se a cada um de nós. Demonstrou, dessa maneira, que cada pessoa tem um valor infinito. Como seus discípulos, somos chamados a respeitar, defender e servir a vida, especialmente a humana. Na verdade, já progredimos muito: cada país e cada cultura têm seu modo de manifestar alegria pela vida que nasce, respeito por quem passa necessidade, solidariedade para com o idoso, participação na tristeza de quem está de luto, esperança na imortalidade etc. Esses sentimentos nascem da convicção de que a vida humana tem um valor único. Mas há, também, desafios nesse campo. Talvez, como em nenhum outro momento da história, faz-se necessário defender a vida, pois ela está ameaçada. Está ameaçada, inclusive, por quem deveria protegê-la: pelo Estado, que se julga no direito de aprovar leis que favoreçam o aborto; pela família, chamada a ser o "santuário da vida" e em cujo seio se toma, não poucas vezes, a primeira decisão contra sua preservação; por profissionais da saúde, notadamente médicos, que deveriam estar sempre a seu serviço (o juramento de Hipócrates não segue essa determinação?), mas que são capazes de dizer frases como as que se ouviu numa importante reunião de médicos brasileiros: "Somos a favor da vida, mas queremos respeitar a autonomia da mulher que, até a 12ª semana, tomou a decisão de praticar a interrupção da gestação". *A favor da vida?...* Imaginem se tais médicos fossem contra ela...

Quando ainda no seio materno, a vida humana é frágil, privada de qualquer capacidade de defesa. Mesmo assim, invocam-se pretensos direitos para exterminá-la, esquecendo-se de que o primeiro direito a ser respeitado é o da própria criança, o de poder nascer. Contra essa mentalidade, fruto de uma execrável "cultura de morte", vale recordar uma observação do bem-aventurado Papa João Paulo II: *"Como é possível falar da dignidade da pessoa humana, quando se permite matar a mais débil e a mais inocente?"* (18 de dezembro de 1987).

Em resposta à cultura de morte, que ganha novos espaços em nossa sociedade, é preciso estimular a cultura da vida, isto é, o trabalho de pessoas, grupos, movimentos e organizações, para ajudar e amparar as pessoas mais fracas e indefesas. Na defesa intransigente da vida, nosso trabalho deve pautar-se por algumas verdades fundamentais: 1ª) A vida humana começa no momento da concepção; 2ª) A vida é sempre um bem. É uma manifestação de Deus, é um sinal da sua presença, é um vestígio de sua glória; 3ª) Deus é o único senhor da vida: nem o homem nem a mulher podem dispor dela; 4ª) A geração de um filho é um fato não só profundamente humano, mas também altamente religioso. Em outras palavras: a vida humana é sagrada porque, desde sua origem, supõe a ação criadora de Deus; 5ª) Nossa vocação é participar da vida eterna, isto é, participar da própria vida de Deus. Essa participação dependerá, naturalmente, do serviço que tivermos prestado à vida aqui, nesta terra dos homens.

Antes que me critiquem, dizendo que o aborto não é uma questão religiosa, mas de saúde pública, lembro que a sociedade e suas instituições devem estar sempre a serviço da pessoa. Existe um conjunto de direitos que a sociedade não pode restringir – porque lhe são anteriores –, mas que, pelo contrário, tem o dever de proteger, pois se incluem entre aqueles que hoje em dia se denominam "direitos humanos". Ora, já lembrei que o primeiro direito de uma pessoa é a sua vida. Estamos, aqui, diante de um bem fundamental. Trata-se de um direito não só precioso, mas que é também condição de todos os demais direitos, por isso, deve ele, mais do que qualquer outro, ser defendido. O respeito pela vida humana impõe-se desde o momento em que ocorre a concepção. Desde quando o óvulo é fecundado, encontra-se inaugurada uma vida, que não é nem a do pai nem a da mãe, mas a de um novo ser humano, que se desenvolve por si mesmo – se desenvolve, desde que lhe sejam asseguradas condições para que isso aconteça.

O HOMEM INVISÍVEL

O título acima poderia dar a impressão de que farei um comentário, um tanto fora do tempo, sobre o livro publicado em 1952, pelo até então desconhecido escritor Ralph Elison. Na ocasião, ele surpreendeu o mundo literário norte-americano com uma obra que se tornou um marco na história da segregação racial nos Estados Unidos, dando origem a um filme igualmente famoso. Escolhi o título e o tema desta minha reflexão a partir da notícia que li em um jornal, numa dessas viagens que faço por obrigação de ofício. Não foi possível ficar com o texto, pois o jornal era emprestado, mas guardei as ideias gerais que o artigo abordava, ao menos da parte que consegui ler (a viagem acabou antes de eu terminar a leitura de todo o texto). Em síntese: um estudante de Sociologia, na cidade de São Paulo, quis conhecer o olhar das pessoas nas avenidas de uma cidade grande, isto é, saber o que elas realmente veem, para onde se voltam e a que dão valor. Vestiu-se por isso de forma simples, como se fosse um dos muitos trabalhadores braçais que diariamente cruzam os caminhos de todos nós. Sua primeira surpresa: em pouco tempo percebeu que simplesmente não era notado por ninguém! Sim, ninguém percebia sua presença, ninguém o notava, nem mesmo seus velhos conhecidos e amigos. Constatou que, para muitos, ele simplesmente não existia: havia se transformado em um homem invisível.

Tempos depois, mudou de tática: começou a andar pelas mesmas avenidas, mas vestido de terno e gravata, com uma pasta de executivo na mão. Agora, tudo mudou: era visto por todos, cumprimentado por muitos e sua passagem era saudada pelos amigos. Alguns, inclusive, não se continham e, ao vê-lo chegando, comemoravam o encontro e diziam algo assim: "Nossa, há quanto tempo não o vejo!". Bem, como não li o final do artigo, fiquei sem conhecer todas as conclusões a que o sociólogo chegou, após tão curiosa experiência. Imagino que, antes de tudo, passou a não aceitar mais o velho provérbio: "O hábito não faz o monge". Pois descobriu que faz, sim, e muitas vezes chega a ser determinante para que alguém seja reconhecido na sociedade.

Aqui e ali se toma conhecimento de outras experiências, semelhantes a essa, e que, inclusive, deram origem a livros. Quem não se lembra da história de um jovem senhor que, bem-vestido, passou a frequentar ambientes requintados, apresentando-se como filho de um poderoso empresário? Ninguém nunca se lembrou de lhe pedir documentos. Assim, participou de inúmeras festas e banquetes: sempre de graça, sempre bem acolhido!...

O tema está aberto a várias reflexões e conclusões. Escolho uma: a necessidade de estarmos atentos aos homens (e, naturalmente, às mulheres) invisíveis de nossa sociedade. O mínimo que merecem de nós é consideração e respeito. Afinal, são seres humanos, criados à imagem e semelhança de Deus. Alguns fazem trabalhos tidos como simples e, por isso mesmo, pouco considerados; outros, nem trabalho sistemático têm. Estão aí, passam a nosso lado, nas ruas de nossas cidades, e não os vemos. Alguém já se deu ao trabalho de se perguntar como tais homens invisíveis nos olham? O que pensam de nós, de nossa autossuficiência e indiferença? Ou será que também eles julgam tudo isso como algo natural, como se a vida fosse assim mesmo? De nossa parte, deveríamos perguntar-nos: Como essas pessoas seriam, se tivessem desfrutado das mesmas condições que nós? O que seria delas, se tivessem nascido em uma família bem estruturada, se tivessem estudado e, desde seus primeiros anos de vida, tivessem crescido com as condições básicas para uma vida digna?

Segundo a antecipação que Jesus fez do julgamento final (Evangelho de Mateus, capítulo 25), seremos julgados pela acolhida (ou indiferença) que tivermos dado aos "homens invisíveis" que tiverem passado em nossos caminhos. É nossa eternidade que está em jogo. Acolher os "homens invisíveis" não é, pois, mera questão de boa educação: é questão de amor. E do amor (ou de sua falta) nascem consequências que terão repercussão na eternidade.

PRECISA-SE DE VOLUNTÁRIOS

Numa reunião, referindo-se às iniciativas de seu setor de pastoral, alguém observou: "Trabalho não falta. O que faltam são voluntários". Em pouco tempo, essa mesma constatação foi feita por membros de outras pastorais. Alguém, então, observou: "Alguns assumem muita coisa e se sobrecarregam, não porque o desejam, mas porque não há quem os ajude e os substitua".

Sei que a falta de voluntários atinge não somente as pastorais da Igreja, mas também organizações não governamentais, clubes de serviço e associações civis. Voltando à reunião de que participei: tendo ouvido a observação de que faltam voluntários, minha imaginação "viajou". Pensei: para solucionar o problema, poderia ser colocado, na frente das igrejas, um cartaz com um apelo: *Precisa-se de voluntários!* Mais abaixo, as qualidades exigidas: *Ter paixão por Jesus Cristo, amar a Igreja, ser disponível e generoso para com o próximo.* Mais: *não ter medo da cruz, ser alegre e criativo, estar disposto a lutar contra a vaidade, ter espírito de comunhão e ser capaz de compreender as limitações dos outros.*

Não sei se essa ideia daria resultados práticos. Muitos não se animam com o "pagamento" feito aos voluntários no campo pastoral, "pagamento" que, por sinal, é responsabilidade do Senhor da Messe. No seu Reino, quando alguém termina de fazer o que lhe foi dado realizar, não deve ficar esperando elogios ou recompensas. Segundo o próprio Senhor, terminado o trabalho, deve-se apenas dizer: "*Somos simples servos; fizemos o que devíamos fazer*" (Lc 17,9-10).

Dois mil anos atrás, passando ao longo do Mar da Galileia, Jesus viu pescadores que puxavam a rede. Sem dar explicações ou qualquer garantia, convidou-os: "*Segui-me, e eu farei de vós pescadores de homens*" (Mc 1,17). Teriam aqueles rudes pescadores entendido as dimensões do que lhes era proposto? Certamente, não! E, no entanto, aceitaram o desafio, deixaram tudo "*e puseram-se a seguir Jesus*" (Mc 1,20). Tivessem se fechado em seu egoísmo, não passariam hoje de ilustres desconhecidos. Tendo se tornado apóstolos de Jesus Cristo, suas vidas influenciaram uma multidão de pessoas e passaram a ter dimensões que só na eternidade conheceremos.

Os voluntários, quer se empenhem individualmente, quer em grupos, associações ou organizações não governamentais, representam, para muitos, a esperança. Sim, somente se pensarmos nas crianças pobres, nos idosos, doentes e pessoas de "vidas severinas", seremos capazes de avaliar a importância de voluntários ao seu redor. Não se trata de satisfazer unicamente necessidades materiais, como a fome, a sede, a saúde etc., mas de fazer com que o necessitado conheça, de maneira pessoal e direta, o significado e as benéficas consequências da palavra solidariedade.

O voluntário é uma testemunha do amor de Deus, é um bom samaritano, atento às necessidades dos irmãos que, sem ajuda, permaneceriam prostrados à beira do caminho. Ele ouve, como se fosse dirigida a si próprio, a advertência feita por Jesus no final da história contada a respeito do homem caído à beira do caminho, que vários ignoraram, mas que foi socorrido por um habitante da Samaria: *"Vai e faze tu a mesma coisa!"* (Lc 10,37).

"Precisa-se de voluntários!" Quando se trata de trabalhos pastorais, pode-se dizer isso de outra maneira, por exemplo, utilizando-se de palavras de João Paulo II: *"Todos os fiéis leigos devem oferecer à Igreja uma parte de seu tempo, vivendo com coerência a própria fé!"* (RM, 74). Mas não é só a Igreja que precisa de voluntários: hospitais e creches governamentais, escolas públicas e associações sem fins lucrativos clamam pela presença de pessoas que doem algumas horas de sua semana para suprir as necessidades que se multiplicam. Aos que procurarem justificar-se dizendo não ter jeito para tais trabalhos, pode-se dizer: o amor desperta em nós a criatividade e nos torna capazes de coisas que nunca julgaríamos ser capazes de enfrentar.

Então, você aceita o desafio de ser voluntário?...

"O ESTRANGEIRO"

O escritor, e também romancista, ensaísta, dramaturgo, filósofo, jornalista..., Albert Camus é uma daquelas pessoas que nos fazem pensar. Tendo nascido em 1913, na Argélia, quando a região era ainda território francês, ganhou, em 1957, o prêmio Nobel de Literatura. Faleceu três anos depois, num desastre automobilístico. Em seu livro *O estrangeiro*, Camus nos apresenta o drama de um homem que, sem querer, matou uma pessoa. Foi, então, preso e julgado. No julgamento, seu ato foi analisado, dissecado e estudado nos mínimos pormenores. A impressão que o tal homem tinha era de que estavam julgando outra pessoa, e não ele. Sentia-se um "estrangeiro" naquele julgamento. Aliás, ao longo de toda a sua vida havia-se sentido um estranho no meio dos outros. Estava convicto de que as pessoas nunca o haviam compreendido nem conhecido. No final do julgamento, ele foi considerado culpado e condenado à morte.

Lembrei-me desse livro porque creio que todos nós, num momento ou noutro de nossa vida, julgamos estar em situações semelhantes à desse "estrangeiro", mesmo vivendo junto a amigos, colegas ou conhecidos. Percebemos que nossas ações, gestos e palavras são interpretados, julgados e condenados sem que nossos "juízes" se preocupem em nos ouvir e saber o que, de fato, nos levou a praticar tal ação ou a dizer determinada palavra. Somos condenados não tanto pelo que fizemos, mas pelo que os outros julgam termos feito ou falado.

Será, contudo, que é somente os outros que caem nesse erro? Será que nunca julgamos, criticamos ou condenamos alguém? É possível que por nosso "tribunal" particular passem, diariamente, diversas pessoas. Numa hora é nosso irmão de sangue, noutra, o colega de trabalho. Desfilam por ele também nosso professor e o dono da banca de verduras, o vizinho do prédio e o desconhecido que de vez em quando encontramos. Então, do alto de nossa cátedra, lançamos nossas sentenças.

Serão infalíveis e corretos nossos julgamentos? Provavelmente, não! Afinal, vemos gestos, ouvimos palavras, mas não temos condições de penetrar na intimidade do coração dos outros. Compreende-se, pois, a advertência de Jesus: *"Não julgueis para não serdes julgados. Pois com o julgamento com que julgais sereis julgados, e com a medida com que medis sereis medidos"* (Mt 7,1-2). O Senhor sabe de que matéria somos feitos. Conhece nossas limitações e nossa visão parcial do mundo, das pessoas e dos acontecimentos. Quer evitar que pratiquemos injustiças por julgamentos falhos: *"Por que reparas no cisco que está no olho do teu irmão, quando não percebes a trave que está no teu? Ou como poderás dizer ao teu irmão: Deixa-me tirar o cisco do teu olho, quando tu mesmo tens uma trave no teu?"* (Mt 7,3-4). Nosso Mestre deixou-nos claro que seremos julgados com a mesma medida com que julgarmos. Aliás, nós mesmos vivemos pedindo isso: "Pai, perdoai nossas ofensas, assim como nós perdoamos a quem nos tem ofendido".

Cada um de nós é um estrangeiro no mundo, na vida e no meio dos outros. Lembro-me, a esse respeito, da observação que ouvi de uma senhora, após o falecimento de seu marido, com quem esteve casada por mais de trinta anos. Manifestando sua surpresa com o comportamento dele ao longo da doença, ela me observou: "Sempre pensei que conhecia meu marido. Mas, acompanhando-o nos últimos meses de sua vida, vendo sua reação diante do sofrimento, sua serenidade e paz, concluí que pouco o conhecia. Antes, tinha certeza de que, se ele tivesse que enfrentar uma situação assim, ficaria nervoso, seria explosivo e até violento. Enganei-me totalmente".

Se somos "estrangeiros" para os outros, o outro também o é para nós. Longe, pois, de vivermos atirando pedras de condenação, sigamos a orientação dada pelo apóstolo Paulo aos cristãos de Corinto: "*Se bem que de nada me acuse a consciência, não é por isso que sou justificado: meu juiz é o Senhor. De modo que não queirais julgar nada antes do tempo, até que venha o Senhor, o qual porá às claras os segredos ocultos e dará a conhecer os desígnios aos corações. E então receberá cada um de Deus o louvor que merece*" (1Cor 4,3-5).

O OLHAR DE LU

Parada em uma calçada movimentada, aquela criança olhava... Olhava sem compreender. Olhava sem ver. Não percebia que estava sendo observada pelos que passavam. Não percebia nem que existia. Embora tivesse recebido, no batismo, o nome de Luísa, para sua mãe ela era Lu, a querida Lu. Ali, naquele momento, não era o nome que importava. Para os que a olhavam com amor, tratava-se de uma criança que precisava de muito carinho e que requeria atenções especiais.

Alguns chegaram a se perguntar como integrá-la na sociedade. Para outros, o problema era mais radical: Seria possível tal integração? Para os que olham tudo e todos apenas sob o ponto de vista econômico, sua presença no mundo era vista como um desastre. O que ela poderia produzir? Em que ajudaria a enriquecer o país? Em nada! Absolutamente em nada! Iria, sim, exigir tempo e dedicação de médicos, terapeutas e professores especializados, lugar em hospitais, exames e verbas públicas. E isso não por um tempo determinado, mas provavelmente por toda a vida.

Para a sociedade, a presença de Lu não deixa de ser um desafio, pois alguma coisa precisa ser feita em seu favor. Há uma campanha, uma feira ou uma promoção em favor das muitas "Lu" que estão por aí? Há muitas pessoas que assumem esses desafios e passam a colaborar com entidades que lhes ofereçam assistência. Já outras nem admitem pensar na questão, porque estão convictas de que isso não lhes diz respeito.

A presença silenciosa de Lu faz nascerem algumas perguntas radicais: Por que ela existe? Qual o sentido de uma vida assim, uma vez que ela talvez nem tenha consciência de que existe? E de quem é a culpa por suas limitações? Quando as perguntas se renovam e se multiplicam não há, infelizmente, tempo e condições para um olhar objetivo, que permita ver Lu como um ser humano, criado à imagem e semelhança de Deus. Somente quem deixa de lado a preocupação em buscar culpados ou não se fecha em análises econômico-financeiras, é capaz de oferecer à Lu a atenção que ela merece. Mais: somente pessoas assim são capazes de perceber a bondade, a inocência e o mistério de amor que o olhar de Lu encerra.

Toda bondade tem sua fonte em Deus; cada gesto de amor é um reflexo de Deus, um sinal de Deus. Não é grave Lu não perceber que, através dela, Deus se dirige a nós, seus filhos e filhas. Grave é o fato de nós, não poucas vezes, sermos incapazes de perceber tais mensagens. Afinal, a inocência não é uma falta de pecado, uma ausência de egoísmo ou a incapacidade de se fazer o mal. A inocência é, acima de tudo, o resultado da presença de Deus em uma pessoa.

O olhar de Lu encerra um mistério de amor. Toda vida humana é um mistério. Cada vida humana é marcada pela história de um Deus que quis a participação de outros em sua alegria – uma participação livre. Ora, a liberdade subentende a capacidade de escolha. Somos livres, inclusive, para deixar de lado o amor e trilhar o caminho do egoísmo. Ora, quaisquer que forem nossas escolhas, elas terão consequências. Lembro isso para advertir que muitos dos problemas que enfrentamos têm como causa nossas omissões ou escolhas erradas.

O olhar de Lu mostra a fragilidade, a delicadeza e as limitações da vida. Esse olhar aponta para valores perenes, que o tempo não destrói, conforme se constata na pergunta de Jesus Cristo: *"De que vale ao homem ganhar o mundo inteiro, se vier a perder a vida eterna?"* (Lc 9,25). A própria Lu compreenderá isso quando for convidada, um dia, a entrar no Reino que o Pai preparou para seus filhos. Ali, o amor de Deus completará nela o que lhe falta hoje. Lu, por sua vez, compreenderá o sentido de sua vida e o sinal que foi chamada a ser, enquanto peregrina nesta terra. Em Deus, Lu entenderá a explicação que o apóstolo Paulo deu aos filipenses: *"Nós, porém, somos cidadãos do céu. De lá esperamos o Salvador e Senhor Jesus Cristo, que transformará nosso mísero corpo, tornando-o semelhante ao seu corpo glorioso em virtude do poder que tem de sujeitar a si toda criatura"* (Fl 3,20-21). Então, a festa de Lu não terá fim.

O QUARTO REI MAGO

É comum vermos quadros com os três sábios do Oriente que foram a Belém visitar o Menino Jesus, presenteando-o com ouro, incenso e mirra. Normalmente, os magos costumam ser representados como reis, embora não conste nos Evangelhos que realmente o fossem. Nas pinturas, eles são sempre colocados diante do Menino, que se encontra no colo de Maria. Há muitas lendas a respeito desses sábios. Transcrevo aqui, com minhas próprias palavras, uma delas, de origem dinamarquesa.

Gaspar, Melquior e Baltazar – nomes que a tradição popular dá aos três personagens – colocaram seus presentes diante do Menino e de sua Mãe. Maria sentiu-se honrada, mas Jesus não quis sorrir: não se sentiu atraído pelo ouro luzente, a fumaça do incenso o fez tossir e desviou o olhar da mirra.

Os três reis magos levantaram-se e partiram. Logo que seus camelos desapareceram entre as colinas, chegou o quarto rei. Vinha de um país banhado pelo Golfo Pérsico. Também vira a estrela iluminando o céu. Escolheu, então, um presente raro: três grandes pérolas. Saiu decidido a procurar o lugar sobre o qual brilhava a estrela. Encontrou-o, mas chegou tarde... Os outros magos já haviam partido. Chegou atrasado e de mãos vazias.

Esse quarto rei entrou cuidadosamente na gruta onde estavam o Menino Jesus, Maria e José. Anoitecia e o local estava mergulhado na escuridão. Um fraco odor de incenso mantinha-se no recinto, como em uma igreja após uma missa festiva. José ajeitava a palha na manjedoura e o Menino Jesus estava no colo da mãe. Ela o embalava docemente e sussurrava uma das canções de ninar que ainda hoje se ouvem nas casas de Belém.

O rei da Pérsia aproximou-se lentamente, hesitante, temeroso... Lançou-se aos pés do Menino Jesus e começou a lhe falar: "Senhor, eu devia ter vindo com os outros reis que lhe trouxeram seus dons. Eu também estava lhe trazendo um presente: três pérolas preciosas, grandes como ovos de pássaro; três pérolas do Mar Pérsico. Não as tenho mais, Senhor. Acontece que, na primeira noite, parei em um albergue, para ali passar a noite. Quando entrei, vi um velho tremendo, com febre, estendido no chão, junto ao fogo. Ninguém o conhecia. Sua mala estava vazia. Não tinha dinheiro para procurar um médico ou para comprar remédios. Seria mandado embora dali no dia seguinte. Pobrezinho! Era um senhor muito velho, magro, com uma barba grande... lembrava meu pai. Então, peguei uma pérola e a dei ao dono do albergue para que cuidasse daquele senhor.

Na manhã seguinte, parti. Apressei-me quanto pude para alcançar os outros magos. A estrada cortava um extenso deserto, onde enormes rochas erguiam-se diante de mim. De repente, ouvi gritos. Saltei de meu camelo e vi soldados que haviam prendido uma jovem. Eram numerosos; não adiantaria querer lutar contra eles, para libertá-la. Perdoe-

-me, Senhor, mas com a segunda pérola consegui a liberdade da moça. Ela beijou-me as mãos e, muito rápida, fugiu em direção das montanhas.

Sobrara-me apenas uma pérola. Eu queria trazer-lhe ao menos aquela. Já era mais de meio-dia e eu esperava chegar aqui à noite. Mas vi uma vila incendiada pelos soldados de Herodes, que executavam a ordem de matar todas as crianças com menos de dois anos de idade. Perto de uma casa em chamas, um soldado balançava um menino nu, segurando-o por uma perna. A criança gritava e se debatia. O soldado dizia: 'Agora o jogarei nas chamas'. A mãe gritava desesperada.

Senhor, perdoe-me... Peguei a última pérola e a dei ao soldado, para que ele devolvesse o filho à mãe. Ele aceitou minha proposta. A mãe agarrou o menino, apertou-o contra o peito e fugiu correndo, sem mesmo se despedir de mim. Senhor, eis por que minhas mãos estão vazias. Perdoe-me!".

Fez-se silêncio na gruta. O rei inclinou-se e depois ousou erguer os olhos. José tinha se aproximado com uma xícara de chá. Maria olhava o filho que estava no seu colo. Será que o Menino dormia? Não! Jesus não dormia. Lentamente se virou para o visitante. Seu rosto resplandecia. Estendeu as mãozinhas na direção do quarto mago do Oriente e sorriu.

PREZADA IRMÃ DULCE

Não a conheci pessoalmente, Irmã Dulce. Contudo, como seu nome e sua fama ultrapassaram, ainda em vida, os limites da cidade de Salvador e do Estado da Bahia, a senhora há muito tempo é minha conhecida – e por que não dizer? –, minha amiga. Tenha certeza: se eu tivesse imaginado que um dia seria o responsável pela arquidiocese que fora a sua, onde a senhora viveu, trabalhou e se santificou, teria vindo aqui para encontrá-la, e, levado por suas mãos, iria conhecer a sua obra. Vejo, contudo, que tudo isso foi providencial: não a conheci, mas estou conhecendo sua obra. Nosso Mestre nos ensina que pelos frutos se conhece uma árvore (cf. Mt 7,16-20). E a "árvore" que a senhora plantou fincou profundas raízes nesta região, produzindo frutos diários de bondade, solidariedade e amor. Que o digam os milhares de pessoas que, doentes e sofridas, batem cada dia às portas de uma das fundações que a senhora deixou.

Tenho conhecido diversas facetas de sua personalidade, Irmã Dulce, graças a pessoas que conviveram com a senhora. Quando elas falam, mais do que por palavras, é pelo brilho de seu olhar que expressam a admiração que continuam tendo pela senhora. As marcas do amor que a senhora teve por Jesus Cristo e, por causa dele, pelos pobres, ficaram no coração de inúmeras pessoas que testemunham o privilégio de tê-la conhecido e trabalhado a seu lado. Esses testemunhos, que aqui e ali a imprensa publica, dariam matéria para um excelente livro que, espero, seja um dia publicado, para a glória de Deus. Penso, também, no testemunho de padres que conheceram de perto suas inquietações e compartilharam intimamente de seus sofrimentos; penso, especialmente, no que pessoas simples dizem a seu respeito, Irmã Dulce – pessoas que foram beneficiadas por sua atenção, ficaram sensibilizadas com seu sorriso e apertaram, agradecidas, as suas mãos.

Jesus nos antecipou qual será a matéria do nosso julgamento final: *"Tive fome e me deste de comer; sede, e me deste de beber; estive nu e me vestiste; desabrigado, e me acolheste..."*. Por isso, Irmã Dulce, o reconhecimento que a Igreja está fazendo de sua vida nada mudará para a senhora. O reconhecimento que realmente importa para a sua vida eterna é aquele que o Senhor Jesus, juiz dos vivos e dos mortos, lhe fizer. Acontece, contudo, o seguinte, cara Irmã dos Pobres, todos nós, batizados, temos uma mesma vocação: a santidade. Ao escrever aos fiéis de Tessalônica, o apóstolo Paulo os advertiu: *"Esta é a vontade de Deus: a vossa santificação"* (1Ts 4,3). Dez ou doze anos depois, dirigindo-se à comunidade de Éfeso, ele completou essa ideia: Deus nos escolheu em Cristo antes da criação do mundo, *"para sermos santos e irrepreensíveis, diante de seus olhos"* (Ef 1,4).

Sua vida, Irmã Dulce, nos ensina que mais do que um quadro de valores ou um código de comportamento a nos orientar no caminho da santidade, temos um exemplo diante de nós: Jesus, mestre e modelo de toda santidade. Seremos santos, se o imitarmos. Para os que julgam isso difícil ou até mesmo impossível, a Igreja recorda pessoas como a senhora, que aceitaram o desafio de serem santas e passaram seus dias na imitação de Jesus. Delas – portanto, também da senhora – pode-se dizer o que Paulo disse de si mesmo: *"Eu vivo, mas não eu: é Cristo que vive em mim!"* (Gl 2,20).

Irmã Dulce, a senhora é bem-aventurada. Como é bom ter diante de nós uma pessoa que percorreu as ruas de Salvador, atendeu doentes e necessitados que podem dizer: "Eu falei com ela! Eu fui atendido por ela! Eu a vi rezando e atendendo os pobres!". Isso é para nós uma graça especial, que me deixa muito à vontade para pedir ao Senhor duas coisas: a primeira, que ele nos dê a graça de trilharmos, também nós, o caminho da santidade que a senhora já percorreu e que ninguém pode percorrer em nosso lugar; a segunda, que unamos nossos esforços para diminuir e fazer desaparecer a pobreza e a miséria de nossas cidades. Afinal, elas são fruto da indiferença e do egoísmo humanos, e não da vontade de Deus. Animo-me a fazer um terceiro pedido: que o Senhor nos dê um pouco de sua simplicidade, Irmã Dulce, e também um pouco de seu carinho e de sua determinação.

POR QUEM OS SINOS DOBRAM?

No dia de Finados, costumamos recordar com carinho nossos mortos queridos. Por um lado, poderíamos dizer que nossa saudade, nosso sofrimento e nossas lágrimas são um problema pessoal ou, quando muito, familiar. Por outro, na grande família dos filhos de Deus, a alegria de um membro deve ser a alegria de todos e a dor de um irmão que sofre deve ser compartilhada por toda a comunidade. São Paulo exprimiu esse entrelaçar-se de nossas vidas com uma afirmação que se tornou clássica: *"Alegrai-vos com os que se alegram, chorai com os que choram"* (Rm 12,15). O poeta inglês John Donne (†1631) expressou de maneira feliz essa necessidade de solidariedade entre os cristãos. Estava doente, de cama, e ouviu os sinos baterem com aquele toque que anunciava a morte de alguém. O poeta perguntou, então, aos que o cercavam: "Por quem os sinos dobram?", e ele próprio respondeu: "Eles dobram por ti!". Sim, quando morre um membro da comunidade, são todos os seus membros que participam da mesma dor, por se empobrecerem um pouco com a morte dessa pessoa.

Há os que fizeram a experiência da perda de um ente querido que enfrentara uma longa doença. Há, também, os que receberam a inesperada notícia da morte de uma pessoa que lhes era muito cara. Todos são capazes de avaliar a extensão da dor de inúmeros irmãos que diariamente vivem e sofrem essas mesmas situações. Em cada cristão que sofre, Cristo continua sua paixão. No mundo atual, são outras as estações da via-sacra, mas o sofrimento e a dor são uma continuação da dor e do sofrimento vivenciados por nosso Mestre, naquela que foi a primeira delas.

É importante saber repartir com todos as muitas lições que aprendemos nessas circunstâncias. É também uma maneira de retribuir o que recebemos daqueles que, ao partir, deixaram saudades. Eis algumas lições:

• Entre as inúmeras experiências que se pode fazer, quando perdemos uma pessoa querida, uma das maiores é, sem dúvida, a da bondade de Deus. Nessas horas, devemos tomar consciência de que a vida de cada pessoa que passou em nossos caminhos é um imenso presente que o Senhor nos deu. Através do profeta Isaías, ele nos diz: *"Eu, o Senhor, te chamei... e te peguei pela mão"* (Is 42,6). Percebemos sua presença ao nosso lado pela força que nos dá, pela esperança que se renova em nosso coração e pela fé que ilumina esses momentos de dor. Como, então, não sairmos dessa experiência de dor animados e fortalecidos?

• Outra lição: Deus se faz presente na hora da dor através de parentes e amigos. Diz a Bíblia que *"quem encontrou um amigo, encontrou um tesouro"* (Eclo 6,14). Vemos, nessas situações, quantos tesouros temos ao nosso lado! Descobrimos muitas pessoas que também sofrem com tais mortes e, mesmo assim, procuram ser uma presença de bondade junto a nós. Seus gestos de solidariedade não nascem apenas em seu coração. Nascem, em primeiro lugar, no coração do próprio Deus.

- Terceira lição: quando se trata da morte violenta de uma pessoa – por exemplo, em um acidente de carro –, percebemos o quanto somos responsáveis por nossos atos. O Senhor não nos colocou no mundo para sermos peças inconscientes de uma grande máquina, com comportamentos predeterminados. Não! Ele nos dá a liberdade e a capacidade de fazermos nossas escolhas e tomarmos as devidas decisões. Podemos e devemos usar nossa liberdade para fazer o bem, para servir. Mas podemos também usar nossa liberdade para fazer o mal, prejudicando com isso outras pessoas. Nós é que, então, passamos a ser causa de dor e tristeza para outros.

- Mais uma lição: anima-nos a certeza de que "*a figura desse mundo passa*" (1Cor 7,31). Somos peregrinos. Nossa vida sobre a terra não teria mesmo muito sentido se não desabrochasse em outra vida, que é eterna. Arde, no coração do Pai, o desejo de dizer-nos um dia, face a face, o que falou a seu Filho por ocasião do batismo, no rio Jordão: "*Tu és meu filho amado, de ti eu me agrado*" (Lc 3,22).

Estejamos atentos, pois, ao dobrar dos sinos. Rezemos pelo descanso eterno de nossos mortos e tomemos consciência de tudo o que lhes devemos.

SEMPRE FALTA ALGUÉM

Fizeram-me, um dia, uma pergunta que na hora não me pareceu muito importante. Preocupado com o que estava fazendo ou pensando, dei uma resposta vaga. Depois, vieram as dúvidas: Será que não deveria ter dado mais importância ao que me foi perguntado? Minha resposta não foi muito superficial? Como não percebi que aquela pergunta merecia uma resposta mais estudada? De interrogação em interrogação feitas a mim mesmo, voltei a me lembrar várias vezes da pergunta daquela senhora que cruzara casualmente o meu caminho.

Pergunta que era mais ou menos assim: "Por que será que sempre fica faltando alguém seja em nossa família, seja nos momentos vividos com pessoas amigas, nas festas que organizamos, nos encontros especiais que vivenciamos, também nas horas de tristeza que enfrentamos?".

Acredito que não há uma resposta definitiva para essa questão, mas uma resposta que cresce, que se completa, que se aprofunda. Pensando em minhas próprias experiências e, particularmente, nos encontros familiares – membro de uma família de nove irmãos, as festas se multiplicavam em minha casa! –, lembro-me de que sempre faltava alguém! Por vezes, era eu que faltava, pois estudei vários anos em seminários, longe da família. Depois de alguma festa familiar, era comum eu receber uma carta com fotos e mensagens que machucavam meu coração, pela saudade que despertavam: "Pena que não estava aqui conosco!". Ao longo da vida, continuei percebendo que *sempre falta alguém*!

Sempre falta alguém... Talvez falte um amigo que gostaríamos de ver sorrir, participando de nossa alegria, mas que não pôde comparecer à festa programada. Ou um irmão que ficou impedido de viajar, deixando um vazio no encontro que prometia ser inesquecível. Poderá faltar um parente, uma pessoa conhecida, um colega de trabalho ou de escola que, pouco antes do encontro marcado, telefonou: "Infelizmente, não poderei ir...".

Às vezes, por mais que se imponha a dura realidade de que determinado irmão ou amigo não voltará jamais, de que será um eterno ausente em tudo o que fizermos ou promovermos, ficamos à espera de alguém que venha e nos diga: "Aguarde um pouco, ele está chegando!...".

Sempre falta alguém... Ou se aceita que essa limitação faz parte de nossa vida ou a vida como tal nos parecerá um tanto absurda, uma brincadeira de mau gosto.

Sempre falta alguém... A aceitação dessa realidade nos dará a exata dimensão da existência humana. E nos fará compreender melhor o sentido da vinda de Cristo ao encontro dos seres humanos – ao nosso encontro. Ele, que é a própria Vida, vem para trazer a plenitude da vida a cada um de nós. Sua vinda não é algo "a mais" na história da humanidade. Nem sua presença é apenas interessante ou, quando muito, louvável. Conhecedor profundo da natureza humana, Cristo vem nos completar. Vem preencher os vazios das numerosas ausências que sentimos, principalmente daquelas que nenhuma fortuna do mundo conseguirá restituir.

Sempre falta alguém... Mas o próprio Cristo – contínua presença ao longo de nossos passos, a partir do momento em que, há dois mil anos, entrou em nossa história –, ele mesmo às vezes parece estar ausente. Contudo, ele nunca falta: nós é que não sabemos vê-lo. Nessas horas, nossos olhos estão como os de Paulo, depois da experiência na estrada de Damasco: cobertos por escamas (cf. At 9,18). Não conseguimos ver nada. Não percebemos os inúmeros sinais de amor que, diariamente, Cristo semeia em nosso caminho. Assemelhamo-nos a seus contemporâneos, que não conseguiam percebê-lo: *"Estava no mundo... e o mundo não o conheceu"* (Jo 1,10).

Jesus Cristo vem ao nosso encontro para fortalecer nossa esperança. Sua vitória sobre a morte nos dá a certeza de que, de fato, ele permanecerá eternamente conosco. Sua presença dá sentido a todos os momentos de nossa vida, inclusive aos que estiverem marcados pela ausência de um irmão, de um amigo ou de um companheiro de lutas.

Sempre falta alguém... O importante – o essencial! – é não faltar Cristo em nossa vida.

NO CORAÇÃO DA IGREJA, EU SEREI O AMOR

"*Segue-me!*" (Mt 9,9). Aceitar o convite que Jesus nos faz para segui-lo é caminhar pela estrada da santidade. Variam as épocas, as regiões e as pessoas. São também diferentes os modos de se seguir a Jesus Cristo. Do que nenhum cristão está dispensado, é da obrigação de acompanhar seus passos. A palavra "obrigação" lembra facilmente um peso desagradável, desses de que cada um procura se livrar na primeira oportunidade. Não é o que vemos quando nos debruçamos sobre a vida daqueles que aceitaram o convite do Senhor e o seguiram. Há alguém mais livre do que um santo? A liberdade e a alegria, a disponibilidade e a confiança são encontradas em todos os discípulos de Cristo. Santa Teresinha do Menino Jesus é um bom exemplo.

Passados mais de cem anos de sua morte, essa jovem, que já aos dezesseis anos de idade, por um favor especial da Igreja, entrou para o Carmelo de Lisieux, continua ensinando que o Evangelho não só é possível como é fonte da mais profunda realização. Impressionam a atualidade e a universalidade de seu testemunho. Ela é admirada por religiosas contemplativas e por jovens que se preparam para o casamento; por executivos de multinacionais e por estudantes universitários; por sacerdotes e por donas de casa. Todos percebem que, acima das particularidades da vida dessa carmelita, sobressaem sua busca de Deus, sua intimidade com Jesus e sua confiança inabalável na Providência.

Há os que procuram ir a Lisieux para visitar a casa de Teresinha ou conhecer o Carmelo onde ela viveu os últimos oito anos de sua vida. Há os que adquirem suas obras de espiritualidade; outros preparam teses sobre suas intuições originais. É, porém, lendo seus próprios escritos que se conhece melhor a intimidade de seu coração. Não por acaso, o Catecismo da Igreja Católica traz 6 pensamentos seus. Um deles é um testemunho a respeito do Evangelho: *"Nele encontro tudo o que é necessário para a minha pobre alma"* (n. 127); outro esclarece o que significa rezar: *"Para mim, a oração é um impulso do coração, é um simples olhar lançado ao céu, um grito de reconhecimento e amor no meio da provação ou no meio da alegria"* (n. 2.558). Teresinha ensina-nos a grandeza do amor desinteressado: *"Após o exílio terrestre, espero ir gozar-vos na pátria, mas não quero acumular méritos para o céu, quero trabalhar somente por vosso amor..."* (n. 2.011); a beleza da morte: *"Eu não morro, entro na vida"* (n. 1.011); e a possibilidade de se ter "projetos de trabalho" para a eternidade: *"Passarei meu céu fazendo bem na terra"* (n. 956).

No entanto, quando o Catecismo trata da caridade, apresenta a melhor síntese da vida de Santa Teresinha do Menino Jesus, síntese essa que deveria ser assumida por nós como regra de vida:"Compreendi que se a Igreja tinha um corpo, composto de diferentes membros, não lhe faltava o membro mais nobre e necessário. Compreendi que a Igreja tinha um coração, e que este coração ardia de amor. Compreendi que só o amor fazia os membros da Igreja agirem, que se o amor viesse a se apagar, os apóstolos não anunciariam mais o Evangelho, os mártires se recusariam a derramar seu sangue... Compreendi que o amor encerrava todas as vocações, que o amor era tudo, que ele abraçava todos os tempos e todos os lugares... em uma palavra, que ele é eterno!". Depois dessa constatação, Teresinha de Lisieux conclui sua reflexão com palavras que cedo ficariam famosas: "Sim, achei meu lugar na Igreja, e esse lugar, meu Deus, fostes vós que o destes para mim... no Coração da Igreja, minha mãe, eu serei o amor!".

A jovem de Lisieux nos leva ao essencial, como constatamos ao ler sua oferenda ao Senhor, no ano anterior a seu falecimento: "Eu me ofereço como vítima de holocausto ao vosso amor misericordioso, suplicando-vos que me consumais sem cessar, deixando transbordar em minha alma os rios de ternura infinita que estão encerrados em vós, e que assim eu me torne mártir de vosso amor, ó meu Deus. Que esse martírio, depois de me ter preparado para aparecer diante de vós, me faça enfim morrer e que minha alma se lance sem demora no eterno abraço de vosso misericordioso amor" (9 de junho de 1895).

VINDE A MIM, MAS BEM-COMPORTADOS

Uma editora italiana lançou um livro com normas de comportamento para os fiéis: *Um pouco de etiqueta não faz mal*. São orientações para os que forem participar de atos religiosos. Dessas orientações, escolho algumas. Os comentários são meus.

1ª) *Cuide da casa de Deus como se ela fosse a sua casa.* Nossas igrejas são construídas com a colaboração de toda a comunidade. Quem já participou de uma comissão de construção sabe quanto sacrifício é necessário até se chegar à inauguração. Também a manutenção de uma igreja exige muita atenção e gastos. Por isso, cuidar do que foi conseguido com muito trabalho é sinal de respeito para com os que construíram aquela obra, além, é claro, de ser uma demonstração de atenção para com a igreja que foi consagrada ao Senhor.

2ª) *Quando entrar numa igreja, cumprimente o dono da casa.* A casa do Senhor é uma casa de oração. Não entramos nela para nos desligar das preocupações do mundo; entramos ali para levar ao Senhor nossas preocupações e colocá-las em suas mãos, entramos para louvá-lo e agradecer-lhe os dons recebidos, ou, humildemente, para pedirmos perdão por nossas infidelidades. Na igreja, o Senhor deve ser o centro de nossas atenções.

3ª) *Vista-se com decência, quando participar de uma cerimônia religiosa.* Isso deveria ser óbvio, mas, para algumas pessoas, não o é. Elas ainda não perceberam que nem todo tipo de roupa é adequada para frequentar certo lugar. Por exemplo, ninguém vai à praia de *smoking* ou ao cinema em trajes de banho. Há também, por exemplo, roupas que podem ser adequadas a uma festa de aniversário, mas que não servem para ir a um velório. Um pouco de bom senso (e de respeito!) não seria nada ruim, quando se trata de pensar na roupa a ser usada em uma celebração religiosa – em casamentos, inclusive!

4ª) *Procure chegar na hora certa!* Normalmente, as celebrações começam na hora marcada. Esse "normalmente" vai por conta dos casamentos, cujos horários acabam dependendo das noivas (leia-se: cabeleireiras, manicures etc.). Para uma boa participação, é importante a concentração. Chegar antes é garantir a possibilidade de um tempo para a oração pessoal. Nesse ponto, um pouco de organização da própria vida só trará benefícios à fé.

5ª) *Participe ativamente de todo o ato religioso.* As celebrações são expressões da oração comunitária. Jesus nos garantiu sua presença quando duas ou três pessoas se reunissem em seu nome (cf. Mt 18,20). Imagine a força de sua presença quando somos quinhentos, mil ou dois mil. Por isso, é importante nossa expressão de unidade com todos os que estão ali conosco, naquele momento de prece.

6ª) *Tome conta das crianças, para evitar que perturbem muito.* É bom, é muito bom levar as crianças para a igreja. Elas têm uma incrível capacidade de relacionar-se com Deus – basta que alguém as eduque para isso. No entanto, é normal que nem sempre se sintam à vontade em uma celebração. O que não convém é permitir que sistematicamente distraiam os que estão a sua volta. Afinal, são simpáticas, bonitas e engraçadinhas, e prendem mais a atenção que o melhor dos oradores, mesmo que sacro...

7ª) *Terminada a celebração, colabore com o clima de concentração e oração do ambiente.* Quantas pessoas, terminada a missa ou outra celebração, gostam de ficar na igreja. E isso é bom! A igreja tem o dom de facilitar a oração e, num mundo tão dispersivo como o nosso, é importante que se aproveite ao máximo as oportunidades que nos forem concedidas para momentos assim. No Templo de Jerusalém, Jesus lembrou as palavras do salmista: *"Minha casa é uma casa de oração"* (Mt 21,13).

8ª) *Lembre-se de desligar o celular antes de começar a celebração!* Preciso fazer algum comentário?... Não preciso, mas aproveito para fazer uma pergunta: Há algo que distraia (ou irrite) mais, em uma celebração, que o toque de um celular?...

Em síntese: uma celebração religiosa não é apenas um ato religioso; é, também, um ato social. É possível que, lendo essas regras de etiqueta, você pense em outras que poderiam ser acrescentadas. Se for o caso – e tiver a sua colaboração! –, voltarei ao assunto...

APRENDER COM OS OUTROS

Uma enfermeira australiana – Bronnie Ware – escreveu um livro bem original. Tendo se dedicado a doentes terminais, colecionou as queixas, os arrependimentos e os sonhos não realizados que eles lhe relataram. Tinha consciência de que aquilo que foi ouvindo de uns e de outros ao longo de alguns anos era muito mais do que meros desabafos; ela estava, sim, diante de sentimentos profundos, de dores que machucavam, de vidas não vividas. Para que o livro não se tornasse apenas um amontoado de depoimentos, organizou-os em grandes grupos, aos quais denominou "Os cinco maiores arrependimentos à beira da morte". São eles:

1º) "Gostaria que tivesse a coragem de viver a vida que eu queria, não a que os outros esperavam que eu vivesse." Segundo Ware, esse foi o arrependimento mais comum. Diante da proximidade da morte, muitos olhavam para trás e tomavam consciência do que gostariam de ter feito, mas que não fizeram por estarem preocupados sempre com imposições externas ou com o desejo de querer agradar. Em outras palavras, poderiam escolher para a lápide de sua sepultura a frase: "A vida que poderia ter sido e não foi".

2º) "Gostaria de não ter trabalhado tanto." Essa afirmação surgia especialmente de homens que tinham passado a vida envolvidos no trabalho, na luta por aumentar seu patrimônio ou para ficarem sempre mais famosos. Percebiam, de repente, que não haviam acompanhado a infância e a juventude de seus filhos, que a família tinha ficado sempre em segundo plano, embora procurassem se convencer, enquanto estavam em sua roda-viva, que era para a esposa e os filhos que faziam tudo aquilo.

3º) "Queria ter encontrado coragem e expressado meus sentimentos." Alguns se arrependiam por não terem sido capazes de expressar seu amor e seu carinho ou por não terem sido capazes de fazer elogios a quem os merecia. Outros guardavam ressentimentos antigos, fazendo de seu coração um "freezer", onde sua amargura estava congelada, sempre pronta a se manifestar. Agora, se perguntavam: "Para quê? De que adiantou isso?".

4º) "Gostaria de ter encontrado mais tempo para ficar com meus amigos." Muitos descobriram que não haviam cultivado antigas e sinceras amizades e que não era naquela fase final da vida que iriam conseguir novos amigos.

5º) "Gostaria de ter me permitido ser mais feliz." Expresso isso com minhas palavras: o grande erro de muitas pessoas consiste em estragar a vida com mesquinharias, com insatisfações não superadas, com o fechar-se em si mesmas, num egoísmo que mata a alegria.

Percebe-se que a autora do livro, não sei se premeditadamente, não entrou no campo espiritual, religioso. Por isso, sem pretender completar seu interessante trabalho, mas como expressão do que penso e acredito, faço duas observações envolvidas pela perspectiva da fé.

A primeira diz respeito a Santo Agostinho. Para que todos o situem no tempo, lembro que ele morreu no ano 430. Depois de uma vida atribulada em busca da verdade, escreveu os caminhos que percorreu até encontrá-la, no livro autobiográfico *Confissões*. Começou constatando: "*Criaste-nos para ti, Senhor, e inquieto está o nosso coração enquanto não repousa em ti*". E concluiu: "*Tarde te amei, Beleza tão antiga e tão nova; tarde te amei! Tu estavas dentro de mim e eu te buscava fora de mim. (...) Tu estavas comigo, mas eu não estava contigo. (...) Saboreei-te, e agora tenho fome e sede de ti. Tocaste-me, e inflamei-me na tua paz*".

A segunda observação é de Jesus Cristo, e ele a apresentou sob a forma de uma pergunta: "*De que adianta a alguém ganhar o mundo inteiro, se vier a perder a própria vida?*" (Mt 16,26). Traduzindo isso em palavras muito pobres, posso dizer: Onde ficaram as vaidades de muitos, os bens que acumularam – muitas vezes de maneira pouco honesta –, os prazeres que dominaram suas vidas? O que fica de uma vida, além do amor semeado? Oportuno é, pois, o pensamento que bem poderia servir de título para um livro: "A vida nos é dada para procurar a Deus; a morte, para encontrá-lo; e a eternidade, para possuí-lo".

ÚLTIMA FOTO

ÚLTIMA FOTO

FIM DO DIA

Um dia terminou. Um dia que nunca mais se repetirá em sua vida. Dia diferente de todos os outros, por mais semelhança que possa ter com o dia de ontem ou com aquele que o aguarda amanhã. É possível que o cansaço, o desânimo e as preocupações não lhe tenham possibilitado refletir sobre o significado e a importância deste dia. Se isso aconteceu, há o risco de você não crescer na compreensão das alegrias vividas e dos sofrimentos suportados. Afinal, a vida é feita de experiências conscientizadas e assumidas.

No final deste dia, seu olhar sobre os acontecimentos lhe mostrará que, talvez, o dia tenha sido marcado por muitos desentendimentos, desastres e mortes violentas; mostrar-lhe-á, também, que, em muitos setores, o ser humano ficou até mais pobre, uma vez que se tornou escravo do prazer, do poder ou dos bens materiais. Mas e os atos de bondade que os noticiários não registraram? E os gestos de dedicação que foram feitos silenciosamente, em benefício de doentes e necessitados? E o carinho de inúmeras mães no interior de seus lares? E os livros que foram escritos, reacendendo a esperança no coração de muitos?...

Contudo, por mais completa que fosse a sua reflexão sobre o dia que chega ao fim, você não conseguiria ser suficientemente objetivo e justo em sua análise. Na verdade, não conseguiria nem ter um olhar abrangente sobre tudo o que vivenciou ou aconteceu no mundo. Para isso, seria preciso subir muito alto, acima de sua cidade, acima do mundo, acima do tempo, para ver tudo com os olhos do Senhor. Aí, sim, você veria o dia que termina como o Pai o viu e teria a exata dimensão do que tal dia representou em sua vida e na caminhada da humanidade.

Com o olhar do Pai, que penetra no mais profundo dos acontecimentos, veria que, em meio ao ódio, às desgraças e ao pecado que empobreceram a vida de muitos, a humanidade, faminta, caminhou à procura do amor – do amor eterno, capaz de saciar sua fome e seu vazio. Veria que nessa corrida desenfreada atrás de coloridas bolhas de sabão, que desapareceram quando as pessoas as tocaram, houve sempre, mesmo que inconscientemente, a procura de valores que ouro algum seria capaz de comprar. Dito isso de forma mais clara: em toda parte, houve sempre a procura de "alguém" capaz de saciar a fome de paz e de felicidade do coração humano.

Feita a reflexão, você se sentiria na obrigação de agradecer, de reconhecer suas limitações e de pedir. Agradecer ao Pai que, mais uma vez, caminhou a seu lado, animando-o e atraindo-o a si. A todo momento, ele lhe deu inúmeras oportunidades de tirar lições de seus próprios erros, transformando-os em trampolim para um salto maior em sua direção. No reconhecimento de suas limitações, longe de se sentir deprimido, descobriria que, justamente porque o egoísmo tende a se manifestar sob muitas formas em sua vida, é que o Pai enviou seu Filho ao mundo. É missão do Salvador lhe ensinar a ler, em sua vida, na dos outros e nos acontecimentos, os sinais que o Pai deixou para que pudesse encontrá-lo.

No final desse dia, talvez você se pergunte: "Por que eu não tinha comigo uma câmera digital para registrar os momentos que vivi, as cenas que vi e as experiências que fiz? Por que não pude perenizar aqueles olhares, sorrisos e gestos?". Uma dúvida, contudo, logo nascerá em seu coração: "Mas será que alguma foto conseguiria captar a riqueza daqueles momentos?...". Então, tomará consciência de que, aos olhos do Pai, nenhum daqueles momentos se perdeu, pois estão todos registrados no Livro da Vida, com fotos tais que fotógrafo algum conseguiria tirar.

Certamente, dessa constatação nascerá, espontânea, uma prece, ou, tomando consciência da pobreza de suas próprias palavras, provavelmente preferirá fazer sua a oração do salmista (Sl 143/142):

Senhor, ouve a minha oração,
sê atento à minha súplica, tu que és fiel,
e pela tua justiça responde-me...
Recordo os tempos antigos, medito todas as tuas obras,
reflito sobre os teus atos...
Não me escondas teu rosto...
De manhã faze-me sentir tua bondade, pois em ti confio.
Indica-me a estrada que devo seguir,
porque a ti elevo minha alma...
Ensina-me a cumprir tua vontade, porque és meu Deus!

SUMÁRIO

Se eu tivesse uma câmera digital 5

FOTOS DA BÍBLIA

Os novos Moisés 11
Elias: Deus se manifesta numa brisa suave e amena 14
A sabedoria de Salomão 17
Os amigos de Jó 20
Clamar ao Senhor 23
"Ide contar o que ouvistes e vistes" 26
A cabeça de João Batista 29
"Dai-lhes vós mesmos de comer!" 32
"Vai e faze tu o mesmo!" 35
Prezado Zaqueu 38
Reflexão para um Domingo de Ramos 41
"Deus o ressuscitou!" 44
Pedro e Paulo: colunas da Igreja 47
Obrigado, Tomé! 50
"Ai de mim se eu não anunciar o Evangelho" 53
"Fica conosco, Senhor!" 56
Os amigos de Jesus 59
Lições de Maria 62
Os livros da Bíblia 65

FOTOS DO COTIDIANO

Creio, mas não pratico 71
Descobri que Deus é amor 74
Estar do outro lado 77
A arte de conviver 80
Autoridade e serviço 83
A via-sacra de hoje 86

A culpa do destino... 89
O problema do mal... 92
Em busca de uma sociedade sadia.. 95
Uma esmolinha, por amor de Deus!... 98
Aprender com o bambu.. 101
Meu clube, minha vida... 105
Em defesa da vida.. 108
O homem invisível.. 111
Precisa-se de voluntários... 114
"O estrangeiro"... 117
O olhar de Lu.. 120
O quarto Rei Mago... 123
Prezada Irmã Dulce.. 126
Por quem os sinos dobram?... 129
Sempre falta alguém... 132
No coração da Igreja, eu serei o amor... 135
Vinde a mim, mas bem-comportados.. 138
Aprender com os outros... 141

ÚLTIMA FOTO

Fim do dia... 147

Impresso na gráfica da
Pia Sociedade Filhas de São Paulo
Via Raposo Tavares, km 19,145
05577-300 - São Paulo, SP - Brasil - 2014